全家福

哥哥和弟弟一起看书

美国一所小学对于教育使命的解释

美国小学学生的绘画作品

美国一所小学的教室内景

美国一所小学的教室内景

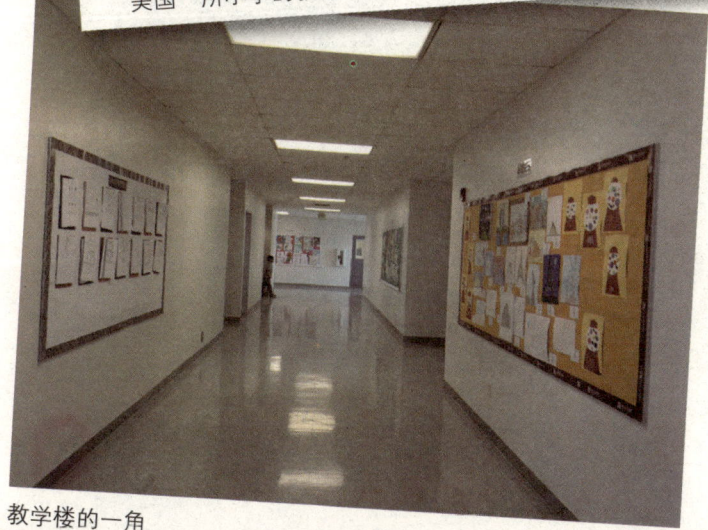

教学楼的一角

美国一所小学里没有铺塑胶的游乐区

美国一所小学里的操场

# 素养
## 决定孩子的格局

斯坦福妈妈把美式教育带回国

唐兰兰 ◎ 著

**图书在版编目（CIP）数据**

素养决定孩子的格局：斯坦福妈妈把美式教育带回国 / 唐兰兰著. — 北京：朝华出版社，2017.5
ISBN 978-7-5054-3956-6

Ⅰ. ①素… Ⅱ. ①唐… Ⅲ. ①家庭教育 Ⅳ. ①G78

中国版本图书馆CIP数据核字（2017）第052324号

## 素养决定孩子的格局：斯坦福妈妈把美式教育带回国

| | |
|---|---|
| 作　　者 | 唐兰兰 |
| 选题策划 | 赵　曼 |
| 责任编辑 | 赵　曼 |
| 责任印制 | 张文东　陆竞赢 |
| 封面设计 | 刘新岭 |

出版发行　朝华出版社
社　　址　北京市西城区百万庄大街24号　　邮政编码　100037
订购电话　（010）68413840　68996050
传　　真　（010）88415258（发行部）
联系版权　j-yn@163.com
网　　址　http://zhcb.cipg.org.cn
印　　刷　环球东方（北京）印务有限公司
经　　销　全国新华书店
开　　本　710mm×1000mm　1/16　　　　字　　数　200千字
印　　张　17
版　　次　2017年5月第1版　2017年5月第2次印刷
装　　别　平
书　　号　ISBN 978-7-5054-3956-6
定　　价　39.80元

版权所有　翻印必究•印装有误　负责调换

# 目 录
## Contents

1 · 推荐序

4 · 序言　父母是孩子的引路人

9 · 前言　全球化的公民，全球化的素养

## 第一章／具备全球化的优秀素养，孩子才能拥有大格局

2 · 礼仪素养：人无礼则不立

9 · 逆商：永不放弃才能走得越来越远

16 · 情商：让孩子学会控制情绪

21 · 社交能力：获得成功的软实力

26 · 领导力：有领导力的孩子阳光、自信

34 · 表达能力："秀"出来，才能让人看得到

42 · 创造力：每个孩子都可以成为小小科学家

44 · 时间管理能力：克服拖延症可以使用思维导图

51 · 逻辑思维能力：美国的老师用思维导图开启孩子的无限潜力

66 · 语言能力1：像美国孩子一样学英语的两个法宝

72 · 语言能力2：爱上英文阅读的七个绝招

77 · 附 不能让孩子错过的英文绘本

## 第二章 / 学习为人父母，当好孩子的引路人

- 90・每个孩子都是一个独立的个体
- 95・放手让孩子独立，轻轻松松带三娃
- 101・做一个善于向孩子求助的妈妈
- 104・一个美国妈妈的家规
- 109・管教孩子的三重境界
- 116・美国双职工家庭是如何带孩子的
- 120・做孩子的玩伴——美国父亲的角色
- 125・美国也有"孟母三迁"
- 129・鼓励孩子去追逐自己的梦想
- 134・人生是场马拉松，不做焦虑的父母
- 140・沟通是一个家庭的必修课
- 143・电子产品用得好，也可以成为教育的利器
- 151・别让孩子掉进学英语的几个大坑里

## 第三章 / 从幼儿园开始，掌握受用一生的学习能力

- 160・让孩子爱上知识的幼儿园教育
- 166・鼓励开拓思维的美国小学教育
- 170・在玩中学，让孩子学习地理不再枯燥
- 175・独特的科学课堂：从引力波到科学探索方法
- 183・看似简单却包罗万象的美国小学数学

187 · 重质不重量的家庭作业

190 · 并不轻松的小学学习生活

193 · 美国因材施教的"另类学校"

197 · 不排名，90% 的肯定

201 · 中国高考不好考，美国高考就容易吗

208 · 天赋教育——美国的天才班

## 第四章 / 好品格来自丰富的社会活动教育

212 · 美国的节日教育——学会感恩，学会爱

216 · 生日 party 让孩子感受自己的成长

219 · 童子军文化——培养孩子的自信和勇气

225 · 美国历史悠久的夏令营活动——让孩子打开眼界

231 · 看美国如何对孩子进行性教育

237 · 从学前班就开始的社会科普知识大课堂

## 后记 / 孩子出国需谨慎，莫让小别离变成大折腾

# Preface
## 推荐序

2013年，我随中国科学技术大学代表团访问美国斯坦福大学，第一次见到唐兰兰。她帮助我们安排访问工作。看她举止端庄，做事严谨，我猜想她一定来历不凡。果然，后来得知她是中国传媒大学和斯坦福大学的双料硕士，以前还曾经在中央电视台做过记者，现在硅谷的一家美国投资公司工作。我与她见面次数不多，工作上有些交往，但后来我们微信交流很多，主要是因为我们的孩子年龄相仿，有许多共同的话题。我虽然也从美国名校毕业，后来又有幸分别在美国和中国的名校教书，带研究生，但对儿童教育，还得从头摸索。兰兰创建了一个微信公众号叫作"美式学习零距离"，我也是她微信公众号的忠实读者。她在公众号里的第一篇文章就深深吸引了我，于是我便在朋友圈里强烈推荐，公众号里大家都亲切地叫她"兰兰妈"。

最近又得知她还创建了微信"美式学习群"，我也急忙加入其中，和大家共同向她学习。兰兰对孩子教育中的具体问题悉心分析思考，感悟很深，在微信群里做周末讲座，分享她对美国儿童教育的细致观察与理念分析。我

**素养决定孩子的格局：**
斯坦福妈妈把美式教育带回国

也鼓励兰兰出书，让国内外的华人孩子都受益。

我曾试图在国内找些谈美国中小学教育的书，特别是针对华人孩子美式教育问题的书。走进书店，才发现店里这个领域的书甚少。大部分谈美国中小学教育的书都是直接翻译美国人写的教育学术著作，缺少作者本人对美国教育有深切感受并从华人文化的视角来理解、分析美式教育的书。原因也很简单，像兰兰与她先生蒋里（他先生蒋里是美国斯坦福大学的博士，研究的领域是机器人）这样从美国名校毕业的优秀华裔人才，在美国也正在职场的第一线上奋斗，回家还要带两个孩子，辅导孩子做作业，甚至还要加班工作，几乎不太可能有时间写书。所以，当我收到兰兰的第一版书稿时，真是觉得不可思议，她居然做到了！书的内容非常具体、生动，主要讲的都是她自己经历的事情和感受。她代表的这一代人有着特殊的经历，从小在中国长大，历经艰苦的高考磨炼，在国内名校读了大学本科，又在美国名校获得研究生学位，在美国就业工作并且生儿育女。看似顺利的人生历程，其实只有他们自己最清楚这其中的疼痛、跌宕与冲突，并在培养下一代孩子时深刻反思，试图同时吸取中美教育的精华，让孩子成为未来更具有国际竞争力的全球化公民。所以，兰兰出书真是难能可贵，这背后所付出的努力是令人难以想象的。

我们为什么要关注"美式教育"？兰兰在书中讲了其中的很多道理和故事。我在美国也常常切身体会到中美孩子教育的差异，也就更能理解成人之后的区别。我曾与兰兰分享过我自己的一个故事。有一次我带孩子去圣地亚哥的海边玩，遇见一个美国妈妈带着儿子，他恰好与我儿子年龄相仿，两个孩子很快就玩在一起了。当孩子们准备下水时，面对汹涌的浪潮，我紧张了，赶紧抓住儿子叮嘱："不要去太远了，浪大就立刻回来。"此时，我却听到那个美国妈妈在旁边大声喊："儿子，你往大海里冲，冲到你能去的最远的地方，妈妈在这里看着你！"看着那个美国孩子像小老虎一样拼命地往海里冲，我突然间明白了美国人为什么那么自信，美国为什么有那么多的杰出运动员，美国为什么有那么多富有创新精神的人。兰兰在书中介绍了"美式教育"的一个重要特点就是充分挖掘孩子的潜力，让孩子淋漓尽致地去做自己热爱的事情。

时代在变化，兰兰详解的"美式教育"，其实是我们所有家长与老师都需要不断了解、学习的新课题，仅依赖我们自身的成长经验是远远不够的。所幸的是，兰兰生活在硅谷的大环境里，讲述的是一个年轻母亲的真情实感，以及包容多元文化的价值观。所以，这本书的内容通俗易懂，又十分亲切。兰兰对自己孩子的期待与我们大家都一样："希望他以后无论生活在哪个国家，都能够在那个国家立足，能够发挥他的长处"。

美国麻省理工学院（MIT）与斯坦福大学讲座教授、MIT 指导委员会委员、国际勘探地球物理学家学会（SEG）执行副主席、中国科学技术大学"国家千人计划"教授兼校长北美事务代表　**张捷**

中国合肥

Preface

# 序 言

## 父母是孩子的引路人

作为两个孩子的母亲，我一直坚信分享教育理念、传播教育理念是一件非常有意义的事情。对于在中国接受过基础教育，又到美国的顶级名校接受过研究生教育的我来说，在美国生活了这么多年，用自己这些年的亲身经历与所见所闻，真正客观地向中国家长传播好的美式教育理念一直是我的心愿。

对于我这样一个有一份全职工作，还有两个孩子的母亲来说，每周在微信公众号"美式学习零距离"上更新文章，分享我这些年关于教育的感悟已实属不易，写一本关于美式教育的书则更不在计划之内。

那么多个夜深人静的夜晚，在电脑上一个一个敲出来的文字最终要出版成书，呈现给大家的时候，我却没有了原来想象的那般激动。身在美国硅谷，全世界最前沿高科技的聚集地，也就意味着在和全世界那些正在用高科技改变教育行业的人们并肩而行。我突然发现，我不仅仅是写成一本书，更重要的则是向大家传递一种教育的革新理念。

记得36岁生日那天去理发店剪头发，理发师突然叫起来："你有一根白头发了！"我笑着说："这是你今天送给我的生日礼物吗？"在36岁本命

**Preface 序言**
父母是孩子的引路人

年来临的时候,我想还是写点什么送给自己吧。

先说说我的父母。我的父母都是因为特殊的时代原因而没能上成大学的一代,而他们对知识的那种渴望可能比任何一代都要强烈。我的妈妈才初中毕业就进了工厂。结婚后,妈妈晚上要值夜班,白天还要操持整个大家庭的日常起居,照顾我的奶奶和外婆。就这样,她仍然在我小学的时候花了整整5年的时间一边工作,一边照顾家庭,一边考取了法律专业的大专文凭。因为当时的那个文凭必须修满规定的二十几门科目,每一门都合格才能最终拿到学位证,很多一开始和她一起学习的同学都半途而废了——考了几门以后就放弃了。

妈妈几乎是她们班上最年长的学生,同时也是最刻苦的一个。我至今都记得冬天的南方天很冷,妈妈一边手洗着全家人的衣服,一边拿着法律词条在背诵。很多个夜晚,妈妈都要独自一人去参加辅导班,直到深夜才回家。我记得妈妈在拿到学位证之后,整理自己所有的读书笔记,摞起来竟然有一人高,每一个练习本上都密密麻麻地抄写着各种法律词条及老师讲解的重点。

我的爸爸只读到高一,然后就进厂当了工人。在我刚出生没多久,爸爸就开始一边工作一边读在职的本科学位。他曾经写了一首打油诗来记录自己辛苦的四年半工半读的学习生涯——"而立之年读大学,怀抱娇儿习功课,四年曲折攀书山,及顶方知其中乐"。那四年当中我的爷爷过世了,家里也出现了一些经济上的危机,但是爸爸最终仍然以全年级8个全优生(毕业设计、毕业答辩、生产实习)之一的优异成绩毕业,拿到了本科学位。

我的父母常常说的一句话是"拼娃不如拼自己"。我经常听到很多妈妈这样抱怨自己的孩子："我为了你做了多大的牺牲啊，你为什么不能好好学习？"但是从我父母的身上，我学到的却是，先做好自己，给孩子树立一个良好的榜样，孩子在这种潜移默化的环境里，自然而然就会爱上知识。

再说说我自己吧。我在中国传媒大学拿到了我的本科和第一个硕士学位。而我的第二个硕士学位是在美国斯坦福大学拿到的。

要说我求学过程中最辛苦的阶段，应该是在斯坦福大学学习的那段时间。因为之前在国内所学的传媒专业在美国的发展很受限制，我不得已改换了专业，从一名文科生变成了一名理科生。要知道我以前那少得可怜的高等数学知识哪儿够用啊，多少个日日夜夜挑灯夜读，从头开始补习高等数学的时光仍然历历在目。并且，在斯坦福大学读书期间，我的第一个孩子诞生了。回忆那段岁月，真是痛并快乐着，但是那也是我这辈子分外珍视的几段时间之一。一开始早孕反应很大，我的妇产科医生建议我休学一年，等生了孩子，孩子大点再继续读。但是我太渴望在斯坦福大学读书了，不想中断。权衡再三，我还是坚持怀孕时也去上课。我是我们那个专业年龄最大的学生，大家都亲切地叫我"兰兰姐"。

每当我大着肚子出现在教室的时候，教授脸上都会出现一刹那惊讶的表情。班上的同学常常开玩笑说，别家的孩子胎教是听莫扎特的曲子，你这个胎教倒好，直接上这么高难度的，你儿子生下来不会手里拿着一本课堂笔记吧。我至今都记得在怀孕9个月的时候，我仍然需要参加一门课程3小时的考试。考试前的很多个夜晚，我常常看书到深夜。

我记得那次考试是在斯坦福的一个报告厅进行，桌子和椅子都非常窄，

## Preface 序言
### 父母是孩子的引路人

我的大肚子需要很艰难地挤进那张小小的折叠桌子前。大家都知道，怀孕最后期孩子会压迫膀胱，需要经常上厕所，但是整整 3 小时的时间，因为考试卷子题量太大，我完全没有上厕所的时间。儿子在肚子里一个劲地乱踢乱动，我只能不断地让自己集中精力完成考试。

当我最终完成了斯坦福的学业，毕业典礼时抱着儿子上台去领我的学位证的时候，全场很多人起立给了我久久的掌声。我是那一届我们系唯一一个抱着孩子上台去领学位证的妈妈。系主任给了我一个大大的拥抱，到场参加我毕业典礼的父亲眼里闪着泪花。因为他知道我为了拿到斯坦福的这个硕士学位证，付出了多少努力。至今回想起来，在斯坦福读书的日子是我过得最辛苦、也是最充实的一段时光。

每一对父母都是孩子的影子，如果父母不能以身作则给孩子做榜样，试问父母有什么资格让孩子好好学习？一个从不看书的妈妈，如何有资格让孩子爱上读书？请不要再对孩子说"你看我为你牺牲了多少！所以你一定要好好学习之类的话"。

我想，作为父母，我们是孩子成长过程中的榜样，更是他们人生道路的引路人。"拼娃不如拼自己"，做好的父母，我们更应该首先做一个更好的自己。

我们迫切希望孩子发挥潜力，但是在拼娃的同时，作为孩子父母的我们是否忽略了我们自身的发展呢？很多人都说这是一个拼爹拼妈的时代，但是这个"拼"在我看来不仅仅是父母可以给孩子提供多少物质上的优越条件，而更在于父母是否能够给孩子更广阔的眼界，引导他们走向更大的格局。而这一切的前提，在于作为父母的我们，是否已经具备了这样的眼界和格局。

我们已经迎来了一个瞬息万变的时代，未来的孩子也不再只是和本国的孩子竞争那么简单。任何一个国家的教育体制都是和这个国家的历史、文化息息相关的，在这个全球化的时代，把美式教育中的那些精华"西为中用"，才能使我们中国的孩子在未来真正走在全世界的最前沿。我想，这也就是我这本书的真正价值所在！

Preface

# 前 言

## 全球化的公民，全球化的素养

我跟我先生都出生在中国的南方城市，我是在中国读完硕士出来的，我先生是读完本科就出来的，我们的经历跨越了中国和美国的教育体系，尽管我们在美国已生活十多年了，但我跟我先生的价值观其实都是非常传统的中国式价值观。

我的孩子出生在美国，接受的完全是美国教育，形成了美国式的思维模式，有时候我常常想，我们自己算是第一代移民，我们的孩子已算是第二代移民。对于我和我先生来说，我们的自我身份认同是中国人，具体来说是生活在美国的中国人，而对于我的孩子来说，到底哪里能给他归属感？到国外的第二代移民，像我儿子这一代的人，普遍会存在这个问题。有时候我也在想，当别人问到我儿子是中国人还是美国人的时候，他将如何作答。如果有人问我，我将会毫不迟疑地回答是中国人。但对于我儿子来说，他的父母是中国人，他出生在美国，他接受的是美国的一套价值观和西方的意识体系，到底他属于哪个国家的人？

现在全球化的趋势越来越明显，"地球村"这个概念也越来越被大家认同，而且现在的交通工具也比以前发达，从中国北京到美国任何一个城市，或者说从地球的一端到地球的另一端，基本上坐十几小时的飞机，一天之内就可以到达。美国是一个移民国家，尤其是旧金山（圣弗朗西斯科）又是美国最多元化的一个地方，是全世界高科技云集的地方。我现在生活在美国的硅谷，我身边的同事、朋友来自不同的国家，不同种族、不同肤色的人都可以在硅谷找到适合自己的位置。我有时候跟我先生讨论，作为我们的孩子这一代，其实没有必要特别局限地让他们认为自己是中国人还是美国人，而应该让他们有一个全局的观念，他们是全球公民，是全球化的人。因为未来的孩子，就像现在生活在硅谷的人，是要跟全世界最优秀的人竞争。

从这个角度讲，我更希望我的孩子是属于全世界的全球公民，具备适应全球化的优秀素养。我希望他以后能够无论生活在哪个国家，至少都能够在那个国家立足，能够发挥他的长处。像我儿子这一代，未来他们所面临的竞争并不只是和中国人或者美国人竞争，就像现在在中国，也有很多外国人到中国去找工作，以后他们的竞争对象是全世界的优秀人才。

作为孩子的引路人，家长如果能让眼界更开阔些，不把孩子局限在某一个国家，或者某一个城市，某一种价值观上，而让他们从小就知道，其实他们是属于全世界的，他们是跟全世界最优秀的一群人去竞争。他们以后的思维就会更开阔，所具备的素养就会更加适应全球化。

具有全球化眼界的孩子能够兼容并包，自己在具有了一定的意识、一定的价值观以后，能够去包容更多的其他多元化的价值，这样的孩子将会是未来真正的全世界的主人。

第一章

# 具备全球化的优秀素养，孩子才能拥有大格局

作为我们的孩子这一代，应该让他们有一个全局的观念，因为未来的孩子，是要跟全世界最优秀的人竞争。从这个角度讲，我更希望我的孩子是属于全世界的全球公民，我希望他以后能够无论生活在哪个国家，都能够在那里立足，能够发挥他的长处。

# 礼仪素养：人无礼则不立

前不久，我看到一则新闻，《泽西美女》的主创苏利文在脸书（Facebook）上发表的一篇描述自己"狠心"教育孩子的长文，被转发了数万次，获得了数十万次的"赞"。

既然是"狠心之举"，为什么会得到这么多人的赞赏和认同呢？原来事情的经过是这样的：苏利文带三个孩子去"冰雪皇后"（Dairy Queen）买冰激凌。当三个孩子从年轻的女店员手里接过甜点时，谁都没说"谢谢"。苏利文觉得这是教育孩子懂得尊重和礼貌的绝好时机，于是她把孩子们手里的冰激凌一一收了回来，扔进了旁边的垃圾桶，并向孩子们解释说："有一天，如果你们有幸，也会像这位姑娘一样做一份工作，我会希望人们能够看到你们（的存在），真的看到你们，看着你们的眼睛，说声'谢谢'。"

苏利文自嘲当天她是天底下最狠心的妈妈，我却觉得，在"狠心"对待孩子的时候，她是天底下最棒的妈妈，因为她让孩子们懂得了尊重与礼貌。

在美国，你会发现孩子们都很有礼貌，他们随时随地都会用"Please（请）！ Thank you（谢谢）！ Excuse me（抱歉）！ Sorry（对不起）！"

这些礼貌用语，也很少有孩子在公共场所大声喧闹、胡乱插队……这是因为美国家庭素有"把日常当成课堂"的传统，他们把礼仪教育看作品德教育的入门课，注重对孩子礼仪细节的教育。

中国自古就有"礼仪之邦"的美誉，也十分重视对孩子的礼仪教育。但由于中美两国受到不同价值取向的影响，对礼仪有着不同的诠释，在合乎礼仪的行为规范方面也有着不同的准则要求，对孩子的礼仪教育自然大有不同。就从我自己在美国十多年的生活经历来看，中美礼仪教育有着两个显著的差异。

## 中国礼仪教育注重长幼尊卑，美国则主张自由平等

说到礼貌待人，许多人都认为是尊老敬长，这是由于我们中国人长期受到长幼尊卑观念的礼文化影响。但在美国，礼貌行为并不只是尊重长辈，它还是社交过程中的行为规范，适用于人与人的日常交往。人们在平等的氛围下相处，每个人都是独立而平等的个体。

跟陌生人打招呼是美国人最基本的礼仪，刚到美国时，经常有迎面走过来的陌生人冲我友善地"Hi（你好）"一声，我一开始很不习惯，不过慢慢地，我也养成了和陌生人打招呼的习惯。清晨，一句来自陌生人的"Good morning（早上好）"，常常让人一整天都如沐春风。

我刚到斯坦福大学读书时，很不适应的是对教授们的称呼。在中国，一般我们对比自己年长的或是德高望重的教授、前辈都会尊称一声"某某教授"

或是"某某老师"。但在美国，很多时候就算是超级厉害的教授，也让学生直呼他的名，比如：迈克尔，而不是叫他"迈克尔教授"。我记得我当时至少花了一个学期去适应这种称呼。

曾经有一次我还专门问过一个教授。我说在中国，学生通常都会对自己的老师冠以"尊称"，为什么您喜欢学生们直呼您的名呢？我至今都记得，这个在学术圈数一数二的教授突然眯起他的眼睛，哈哈大笑起来，他说："直呼其名不好吗？我们本来就是平等的啊。虽然在这个课堂上我是你们的授课老师，但是在其他很多领域你们却可以当我的老师啊。学习是一门终身的课程，没有任何一个人处处都比别人强，我更希望我们能够平等地对话和交流。那这个平等，就请从直呼我的名开始吧！"

## 中国礼仪教育主要是理念灌输，美国注重间接渗透、联系生活

虽然中国的礼仪教育历史很久远，但它发展缓慢，且过于教条和死板。灌输式的礼仪教育一味强迫孩子们接受外在的约束和规范，却无法将其转化为他们内在的认可。

美国将礼仪教育渗透在"公民教育"之中，排队守秩序、在餐厅用餐时将交谈声音压低、夜深无人时不闯红灯、有"STOP（停）"标志的地方自觉停下来环顾四周才继续行驶……这些都是美国公民在公共场所应该遵循的行为规范。学校里并没有专门开设一门礼仪课程，而是注重帮助孩子解决现实问题，将礼仪规范渗透到各门课程中。美国孩子从小就被要求在公共场合尊

重别人，不能高声喧哗，这是从小就要养成的好习惯。

一个周末，我的朋友玛丽带着她的孩子瑞恩到我家玩，一个小插曲让我很受触动。在玩耍过程中，瑞恩对我儿子的宝贝机器人表现出极强的兴趣，在犹豫一番之后，他问我儿子："请问我可以和你一起玩它吗？"玛丽听到之后，给了他大大的赞赏："Ryan, you did a great job!"（你做得真棒！）从这个小小的细节，可以看出美国妈妈对孩子礼节教育的到位。到别人家做客，想要拿什么东西需征求主人的同意；想进入主人的卧室，也需要征求主人的同意。

我们大部分家长都明白对孩子进行礼仪教育的重要性，但我们的教育常常停留在讲道理层面，而缺少了具体的指导，也忽略了一些重要的细节，比如说"必须经他人同意才能动别人的东西"这类礼节要求。那么，如何才能培养出懂礼貌的孩子呢？在这里，我给大家分享礼仪教育的几个要点。

**1. 制定关于礼貌的规则**

家长要想孩子懂礼貌，首先需要给孩子划清"界限"，让他们知道什么是"可以"，什么是"不可以"。我们家长要给孩子细节上的指导，在礼貌用语方面，鼓励孩子多说"请"和"谢谢"。在礼让行为方面，给孩子制定一定的要求，比如说在公共场所不许大声喧闹；在国内自动扶梯上自动靠右站，给有急事的旅客让出左边的快速通道；出电梯时主动给还没有出来的其他人扶住电梯门，让别人先走；有客人到家里用餐时，让客人先入座；在公众场合进门时，主动回头看，如果后面有人，自觉地给后来的人扶住门……

### 2. 夸奖孩子礼貌的行为

孩子都渴望被认同和鼓励，在他们使用礼貌用语、做出礼让行为时，我们应及时予以肯定与褒奖。这能在他们心中埋下正能量的小种子，鼓励他们继续礼貌待人，礼仪教育也会取得最佳效果。

我的好朋友苏珊就是一个特别好的例子。苏珊是三个孩子的妈妈，和她认识很多年了，我常常邀请她和她的三个孩子到家里做客。三个孩子都很有礼貌，进门会自己把鞋子脱掉放在门口，并且会向大人问好。在想玩我儿子玩具的时候，会先征求我儿子或是我的同意："请问我可以玩这个玩具吗？"当我拿出好吃的给他们，他们会很有礼貌地说"谢谢"。而且最让我吃惊的是每次在快要离开之前，三个孩子都会非常自觉地把玩过的所有玩具都整理好，物归原处。

苏珊就是那种时常把鼓励和夸奖挂在嘴边的妈妈。比如说，她的孩子在主动把吃完的餐具放到洗碗机里时，她会提高嗓门大声地说"Good job（干得漂亮）"。再比如，她的孩子每次到我家快离开时会自觉地把玩过的玩具物归原处，她会特别兴奋对他们说"Give me five（我们来击个掌），I am so proud of you（我真为你们感到骄傲）。"

其实不管多小的孩子内心都希望得到别人的认同，尤其是自己父母的认同。如果父母能够善于从一些小事情上观察自己的孩子，给予他们正面的鼓励，夸奖他们的语言和行为有礼貌，孩子一定会越来越有礼貌的。

## 3. 言传身教

托尔斯泰有句名言："全部教育，或者说千分之九百九十九的教育都归结到榜样上，归结到父母自己生活的端正和完善上。"

我在序言里也提到了"言传身教"的重要性。父母是孩子人生的引路人，父母的言行举止都深深地影响着自己的孩子。只是教条式地给孩子灌输礼仪知识是远远不够的，家长更应该以身作则，自己养成这些好的习惯。比如说，当我们需要孩子帮助的时候，记得对孩子说"请帮我拿一下……"，当孩子帮父母做了事情，父母也应该主动对孩子说"谢谢"。

孩子是一面镜子，通过他们可以折射出我们自己。为人父母的我们，也需要提高自己的礼仪修养，做好表率。一个每天满嘴胡话、脏话的父母，怎么可能教育出彬彬有礼的孩子？一个对别人都不尊重的父母，怎么可能培养出尊重别人的好孩子？

这里所提的礼仪修养并不是多么遥不可及的东西，而是体现在日常生活的点滴中，夫妻之间的相互尊重便是教育孩子懂礼貌的最好方式。如果我们习惯于在爱人递来一杯水的时候说声"谢谢"，耳濡目染下，我们的孩子在接过牛奶的时候肯定也会真诚地说声"谢谢"！

古人云："人无礼则不立，事无礼则不成，国无礼则不宁。"礼仪是人们交往时的一种行为规范，它不仅是道德修养和文化修养的外在表现，而且可令其得到进一步内在升华。

我相信家长们都希望自己的孩子养成良好的礼仪习惯，举手投足间都展示出无穷魅力，成为一个受人欢迎与喜爱的人。所以作为家长的我们，更要时时提醒自己注重礼仪问题,给孩子树立一个好榜样。

我深信,我们在尊重他人的同时也将收获他人的礼遇,从而避免生活中不必要的小摩擦,使我们的生活变得更加美满!

# 逆商：永不放弃才能走得越来越远

在我小时候，我的父母就特别重视对我的逆商教育，或者说是在逆境中让我养成良好的心态。我的朋友们常常觉得我的心比较大，在别人觉得很困难的时候，我一直能够拥有比较乐观的心态，这与父母对我的教育有关，所以我在教育孩子时也很注意这方面的培养。因为我觉得，其实逆商很多时候比智商（IQ）对一个孩子、对一个人来说更重要。

每个父母都希望看到自己的孩子成功，但是教会孩子懂得什么是失败也是很重要的。我们经常会说失败是成功之母，但孩子很难理解，我们其实可以重新去定义失败，告诉孩子失败就是不断地去尝试，不断地去努力投入。任何事情不是轻易就能成功的，而且可以这样说，一个人生命当中的99%可能都是失败的，成功可能就只是那1%，就是那一个瞬间，漫长的时间其实都是在不断地尝试，不断地失败再不断地去努力的过程。我们要让孩子知道，其实这个世界上更多的时候人都是处在一个不断努力、失败，再努力、再失败这样的状态。我觉得很多孩子，或者很多人都是害怕失败的，特别是小孩子，不能容忍失败的孩子会特别焦虑。如果一个孩子不能坦然地去接受失败的话，有可能这个孩子以后会出现更大的问题。

　　在现代社会，我觉得无论是家长还是孩子，其实都有非常大的压力，所以，一定要让孩子知道失败是一种常态，而成功是极少的一个瞬间，出现失败是一件非常正常的事情。实际上在勇于去尝试一个新的事物的时候，总是伴随着失败，在经过失败后，有可能有一次成功。但是现在的教育，尤其是中国的教育过程中，父母很多时候特别功利，父母的这种比较功利或者很焦虑的情绪会传递给孩子。其实很多时候，孩子去考试或者去学什么的时候，父母比孩子更害怕失败，当父母害怕孩子失败的焦虑情绪传递给孩子的时候，孩子就会变得更加害怕失败。

　　提高孩子的逆商，首先要让孩子去享受做事情的过程，无论他是在参与新的事情，还是去参加一门考试，让孩子真正去体会努力付出的过程，这才是最珍贵的。真正努力之后，无论是成功还是失败，其实这个结果往往就不那么重要了。在现在的教育环境当中，很多家长特别看重结果，也特别喜欢拿自家孩子跟别人的孩子比较。越是比较，孩子就越容易害怕失败。所以，父母一定要调整好自己的心态。通过我和我先生这么多年的学习也好，工作也好，体悟到其实有时候，付出了很多努力，未必就一定有好的结果。但是在这个过程中，任何事情对我们来说都是有意义的，可能短时间内你做的一些事情没有结果，但是从长远来看，一定是人生的一笔财富，而这笔财富是任何人都夺走不了的。

　　我觉得，对孩子进行逆商教育，家长要注意淡化结果，让孩子享受这个过程。作为父母来说，应该如何培养孩子的心理素质呢？

# 第一章
## 具备全球化的优秀素养，孩子才能拥有大格局

第一，我们要给孩子做一个好的榜样。孩子是父母的影子，父母首先要给孩子做一个好的榜样，如果父母不害怕失败，勇于不断地去尝试新的事情，孩子就会受到这种正面的影响，肯定也会从父母身上学到这种坚韧不拔、永不放弃的精神。

第二，提高孩子的逆商。很多时候需要家长给孩子一些指导，但不是要家长成为孩子的救世主，帮他把所有的路都铺平了，帮他把所有事情都解决了，而是让孩子自己去解决问题，这一点非常重要。因为孩子的心态和心理素质是在不断地受挫当中，一点一点建立起来的。比如孩子学弹一首钢琴曲，一开始不会弹，可能在尝试几次以后慢慢就会了。在做一些事情的时候孩子需要不断地努力，这样他的自信心就会不断地建立起来。其实，家长更多的应该是给孩子一种指导，或者一种建设性的意见，而不是像救世主一样，孩子一遇到困难，妈妈爸爸就上，然后帮他都摆平了，这样的话特别不利于孩子培养良好的心理素质。

第三，降低或者调整期望值。因为很多时候，人往往会高估自己，计划做一件事情，可能一开始会设想一个特别大的目标。孩子也是一样的，比如理想是成为什么什么人物，这个路程可能有一百步，但孩子目前只能做一步，所以无论是家长，还是孩子，都需要不断地调整自己的期望值，才能在没有达到目标的时候不会很沮丧。

当我的孩子要做一件事情的时候，如果我觉得他设定的目标太远的话，我会帮他把这件事情分解成很多步，每完成一步，我就会把这个期望值稍微给他提高一点，让他不断地从失败当中建立自信，就这样不断地让孩子经历

很多事情，他的心理素质就会逐步提高。

另外，一些好的电影、书籍对孩子也是非常有影响的，我记得《火星救援》这部电影，里面有一个宇航员去火星上执行任务，结果出事了，他一个人被困在火星上，一共被困了549个火星日，为了生存他尝试在那里种土豆。我自己先去看了以后，觉得这部电影特别好，然后就带着我儿子去看，他看完后从中学到了一种精神——永不放弃！所以，好的电影、书籍会给孩子正面的影响。家长只要有机会，就可以不断地给孩子灌输这种永不放弃的精神。

还有，家长要多带孩子去做一些他觉得自己做不到的事情，这个过程中家长要不断地去鼓励他。记得在我儿子5岁生日那天，我和我先生带他去做了一件很有意义的事情——爬旧金山硅谷地区最高的一座山，那座山对于5岁的孩子来说还是很高的，而且最后登顶的一段路很陡峭。当时我儿子真的是连滚带爬，脚还摔伤了。我们当时也几乎是连拽带拖地，一个劲地鼓励他，当然中途会给他一些小的奖励。比如，"你爬上山顶以后，我们下去给你买一盒巧克力"……不断地给他鼓励。他一开始觉得自己不能完成这件事，最后当他爬到山顶的时候，他当时激动地对我说："妈妈我居然爬上来了！"

家长带领孩子去参与挑战、让他去做一些他觉得自己做不到的事情时，要不断地鼓励他，不断地增强他的自信。慢慢地，孩子就意识到经过努力自己也是可以做到的，以后就会勇于尝试一些挑战。

与此同时，当孩子遇到挫折失败的时候，家长需要设身处地地去同情他、体谅他，尽量做到感同身受。很多时候我会跟儿子说："我知道这件事情真的让你感到很失望，你想做得更好，但是现在这个事情已经这样了，我觉得

第一章
具备全球化的优秀素养，孩子才能拥有大格局

你得坦然接受这个现实，不过，我相信你还有更多的机会来做这样的事情。"有一天，儿子在看电视里的球赛，最后有一队输了，我就问儿子："我说你看这个队输了，队友很沮丧地在那儿哭，如果是你的话，你会怎么样？"我儿子就特别郑重地说了一句："虽然这个队输了，但是他们表现得很好啊，况且又不是世界末日，他们以后仍然有机会的。"我那天真的特别高兴，我觉得在我不断灌输的逆商教育中，我儿子懂得了什么是永不放弃的精神，所以他会觉得那个球队失败了并不意味着就是世界末日，他们仍然有机会。我儿子现在在这一点上心态特别好。我经常会不断地给他强调："其实很多时候，只要你有生命在，只要你活着，你就永远有机会。在任何时候你都不能被眼前的困难和挫折打倒。任何时候你只要永不放弃，你就永远有机会重新站起来。"

很多时候，父母可以给孩子讲一些自己以前失败的经历和例子。因为在孩子的眼中，父母是无所不能的，他们会觉得父母什么都会、什么都懂，但是其实他们不知道，父母也是经历过无数的失败，像我和我先生也是经历过无数的失败，最后才一步一步走到今天。我们家关系特别民主，很多时候，我会给孩子讲一些自己以前的经历。我记得有一次他数学考试考得不是很好，只得了七十几分，他特别沮丧，因为他的数学一直在他们班是最好的，经常是九十几分或一百分。我就跟他说，妈妈小时候其实也有考试考得很差的时候，你爸爸也有考试考得很差的时候，等等，这都是很正常的。那天他突然说，原来爸爸妈妈也有考得这么差的时候，他一下子就没有那么沮丧了。所以，家长平时可以给孩子讲一讲自己小时候的事情，让孩子知道其实父母一路走

来，也是要经历很多的失败、挫折和坎坷，那么孩子就会受到影响，能坦然地接受挫折了。

总之，就是不要放弃任何一次教育孩子的机会。比如在希拉里和特朗普竞选总统时，希拉里做出了那么多努力，最后还是失败了，没有选上，当时我就问儿子："你觉得怎么样？"他就觉得，竞选过程中的那些演讲还是很有意义的。

实际上，孩子在面对困难的时候，有时候会把一些困难想得特别大，或者想得特别可怕，所以他就不敢去尝试，从而故步自封。所以，很多时候我们要跟孩子一起来做一些计划，一步一步地。比如，十步可能达到那个目标，我们就可以把目标分解成十步。让孩子首先达到第一步，然后再做第二步，再做第三步，这样一步一步地去实现他想达到的那个目标。这样的话，孩子会觉得其实困难也没有想象的那么大。

但是我想强调的一点就是，在培养孩子的逆商或者好的心态的时候，并不是说任何时候都要让孩子自己去面对，当孩子需要我们帮助的时候，家长要坚持和孩子站在一条战线上。当遭遇的失败给孩子带来极大的委屈或者耻辱的时候，家长需要向孩子伸出援助之手。举个例子，如果孩子忘了带校服或是发生了其他事情，如果这件事情会让他很尴尬或者很难受，那么这个时候家长其实没必要让他出丑，为了让他接受教训、长个记性。我的孩子也曾经忘带校服，我看出那天他很难受、很难堪，这个时候就不需要在这个事情上给他一个教训，我选择了回家取了衣服送给他。这样其实会给他留下深刻的印象，他会觉得妈妈始终站在他的身后支持他。因为印象特别深刻，所以从那以后，我的孩子再也没有出现过忘记带校服去学校的事情了。

还有，当孩子遇到危险的时候，比如游泳或者一些比较危险的情况，这个时候并不是提高逆商的机会，孩子一旦需要家长的帮助，家长就要及时给予帮助。在美国学校里也有一些霸凌现象——孩子在学校里被别的孩子欺负。这个时候父母应该勇敢地站在孩子的身边替孩子说话，让孩子觉得父母是永远跟他站在一起的，是他的坚强后盾，这个时候就不是提高孩子逆商的机会。家长可以给孩子一些建议，比如说等孩子回到家，可以问他，如果下次再遇到这样的情况，爸爸妈妈不在身边的话他会怎么样？或者，当他跟别的孩子产生冲突的时候，家长可以在旁边静静地观察，如果只是孩子之间正常的冲突，就可以让孩子自己去解决。如果涉及孩子的安全时，父母就要很好地保护他。拥有好心态的孩子，才能在百折不挠、永不放弃的信念下，走得越来越远，只有这样的人，才能真正成功。

提高孩子的逆商真的非常重要，家长应该从点点滴滴入手，不错过任何一个机会，哪怕是带他看一部电影，或者是一本书，都要传递给孩子一个观点——永不放弃的精神是最可贵的。

# 情商：让孩子学会控制情绪

我在我的很多文章里面都强调，孩子其实是父母的影子，所以要教会孩子如何控制情绪，首先父母要学会控制情绪。实际上孩子的很多行为举止都是模仿和学习大人的，如果家长自己都没有办法控制好情绪的话，那谈何教孩子控制情绪呢？

教孩子控制情绪，我们可以从以下几个方面做起：

第一，要能够接受孩子的一些感受，要了解孩子的感受。在遇到同样一件事情的时候，大人可能觉得是一件很小的事情，但是孩子往往可能会失控，这是因为大人经历的事情多了，在不断地经受磨炼后，受挫能力就会比孩子强大，能够接受各种事情。

举个例子，孩子会因为一件很小的事情，比如因为玩具脏了、坏了而很生气、很失望，这在大人眼里就是一件特别小的事情，而孩子却会因为这件事情非常沮丧。所以首先父母要能够理解孩子的这种感受，这是非常重要的，我们不要以大人的经历去判断一个孩子的行为和举动，而指责孩子因为一个玩具脏了、坏了就控制不了情绪或者大哭大闹。我们要能够接受、了解孩子的这种感受，要把自己放在孩子的心智年龄段，比如说从几岁孩子的心智水平上去感受、去了解他的这种状态，你就会明白一个玩具对一个孩子来说可能比天还要大，那个玩具对他来说比任何事情都重要。我觉得首先大人要用同理心去感受孩子的处境，你可以回想一下你自己小时候的一些状态，这个是特别重要的。

第二，教孩子在控制情绪的时候，家长跟孩子一定要平等地去交流。比如说，我们跟孩子交流的时候要蹲下来，眼睛要平视。这样做的好处在于，当你把自己的姿态放低了以后，你会对他的一些举动感同身受。如果家长站着跟孩子说话，父母是处在一个比较强势、比较高的位置，那么孩子就要仰视父母。我记得曾经看过一个实验，在那个实验中，实验者把孩子放在一个高高的椅子上，让孩子站着或者坐着，总之要比家长高，然后让家长仰视着跟孩子对话。结果这些家长稍微说几句话，很快就会感觉压抑。其实换个角度来看，这个实验可以让大人看到，我们高高在上地跟孩子说话的时候，孩子是一个什么样的状态。营造一个平等的交流环境，让孩子觉得自己是处在一个跟家长对等的情况下，这样的话，孩子的情绪就比较容易让父母觉察到。

第三，当孩子有负面情绪的时候，我们要让他能够释放。当心爱的玩具坏了，孩子感到很难受的时候，你一定要让他释放出负面的情绪，比如说哭一哭。当孩子哭的时候，中国的家长通常会对孩子说"你不能再哭了"，尽管孩子有时候能够停止哭闹，但这样做往往会压抑孩子的情绪。每个人都需要发泄情绪，大人有时候也会这样，比如妈妈会哭泣，爸爸会发脾气，这些其实都是在释放负面的情绪。孩子还小，他释放负面情绪的方式就是哭闹，我们要让孩子有一个宣泄的途径和出口，而不是他一哭的时候，就对他说"不许哭了""不要再哭了"。

我看过一本书，里面讲到当孩子在释放负面情绪的时候，可以找一些方法让孩子在适当的范围内宣泄，并告诉他哭是不能够解决问题的，比如找一些软的东西让孩子捏，比如打面团或者毛绒玩具。我通常的做法是，会给他一些时间，告诉他："你的玩具摔坏了，我知道你特别难受，妈妈也特别能懂你的感受，我知道这个东西对你来说特别重要，你特别喜欢。我给你 5 分钟哭的时间，你可以尽情地在这 5 分钟里宣泄你的负面情绪。但是在哭完以后，我们要想办法解决这个问题，因为哭不能解决问题，玩具坏了我们得想办法解决。"

我们要找到让孩子情绪失控的那个点，到底是什么让孩子失控了？孩子一直在那儿哭总是有原因的，我们要找到这个原因，找到原因以后引导孩子把负面的情绪转移到具体的事情上，孩子的情绪就会平缓很多。这个时候一般我会跟孩子一起来分析，他刚才情绪一下子失控的原因。我的孩子就会告诉我他特别喜欢的一个玩具坏了，问我怎么办。我通常会给孩子一些建议，最终让孩子自己来寻找解决的方法，比如，第一，建议找爸爸帮助修；第二，可以攒金币再去买；第三，建议去玩别的玩具。总之，就是给他一些建议，让他把负面情绪发泄后，把注意力转移到具体的事情上面，这样他就不会那么哭闹了。

每个人都会有负面情绪，或者很烦、很失控的时候，关键是要找到适合

## 第一章
具备全球化的优秀素养，孩子才能拥有大格局

自己的减压方法。比如，在平时可以和孩子列出减压方法清单。像我的孩子现在已经上小学了，比较大一点了，在他情绪不好的时候、难受的时候、悲伤或者愤怒的时候，我会和他一起从减压清单里选择一个方法，一起做一些减压的活动或者让他平静下来的活动。比如，选择坐床上看书，洗个澡，或者听一个故事，有时候甚至让他玩一会儿他喜欢玩的游戏。这个清单可以让孩子比较积极地花时间去冷却他的这种负面情绪，如果找到适合孩子的减压方法，孩子就可以慢慢舒缓自己的压力。

我觉得其实不光是要孩子学会控制自己的情绪，很多时候作为家长也需要学会控制自己的情绪。因为现代人压力都大，工作当中会有很多压力，回到家里孩子再闹脾气的话，有时候确实很容易失控。上面我说的这些方法同样也适用于家长，我们自己也可以列一个减压方法的清单，像我情绪不太好的时候，我会看看书，或者听听音乐，或者泡个澡，或者去健身房跑跑步，这些都是很好的方法。

当然，作为父母，还有一点比较重要的就是，孩子哭闹的时候，家长要坚守自己的底线。在我们家，有一些事情原则上孩子不能做的，就算他再哭再闹，我也绝对不会让步，我会蹲下来跟他讲道理，让他知道，他的哭闹并不能解决问题。父母一定要坚守原则，这样孩子就会知道，这个底线是不能够逾越的。不能因为孩子哭闹就步步迁就他，当底线溃败后，孩子就知道父母是没有底线的人，这对于孩子来说绝对不是一件好事情。在我的教育理念当中，我会给孩子定一个框，也就是原则或底线，告诉他一些事情是不能逾越这个原则的，他的行为规范不能跨出这个框框，在这个框框里边我会给孩

**素养决定孩子的格局：**
斯坦福妈妈把美式教育带回国

子最大的自由，他可以在里面天马行空地实现他的一些想法。在这个底线之内，孩子基本上可以随心所欲，比如说饿了、衣服脏了、累了，这些我觉得都是可以接受的，但底线是不能逾越的，比如不尊重父母，或者撒谎，或者做一些不好的事情。

综上所述，我觉得要让孩子学会控制情绪，首先父母得学会控制情绪，其次我们要对孩子的情绪感同身受，让他有一个发泄负面能量的途径。等他发泄一阵子，比如说让他哭了 5 分钟、10 分钟以后，再引导他把愤怒的情绪转移到一个具体的事情上面来，给孩子一些建议，跟孩子一起来寻找解决这个问题的方法。家长在平时可以跟孩子一起列出减压的方法，等到孩子情绪不好的时候就可以通过这些方法，让他慢慢学会控制和调整情绪。

## 社交能力：获得成功的软实力

在生活中，有一些孩子，学习成绩特别好，但是他在与人交往的过程中，你会常常觉得这个孩子情商不够，他说话总是呛人，其实这是孩子社交能力不强的表现。在中国很多父母比较看重孩子的学习成绩，而不怎么注重培养孩子的社交能力。一个孩子要想未来获得成功，社交能力是一个非常重要的素养。

一个孩子如果没有一定的社交能力，他在受关注度方面会相应地缺失不少。孩子其实是通过看父母说"谢谢"或者"请"的时候，来学会最初的社交方式。所以，父母是培养孩子社交能力的第一任老师。社交技巧其实远远不只是跟人交流这么简单，它会影响到孩子在学校里交朋友，甚至在学校里得到大家的认可和喜欢。说得长远一点，在以后的工作当中，社交能力从某种程度上来说是一种软实力。

我们经常看到一些人，他们平时在跟人交往的时候，说话说得特别多，一个人滔滔不绝地在那儿说，总是不给别人发言的机会，也不太能够理解别人的表情，别人高兴或者不高兴的时候，他都觉察不到。这样的人往往不是

**素养决定孩子的格局：**
斯坦福妈妈把美式教育带回国

一个好的倾听者，因为他不能体谅别人的感受。这其实是缺乏社交能力或者社交技巧的表现。在社会上，这样的人还是很多见的。

而另一种相反的情况则是，在很多人的场合，有一些人异常沉默，不善言辞，或者不知道怎么表达自己的意见。这也是社交能力欠缺的表现。

在合适的场合，得体地表达自己的观点，是每个孩子都应该具备的基本素质。很多家长会说："我的孩子天生性格比较内向，不善言辞……"其实社交能力或者社交技巧是可以通过训练提升的。美国家长非常重视训练孩子的社交技巧，他们觉得除了知识以外，社交能力对于孩子来说也是软实力的重要体现。

美国教育中一直很强调要尊重孩子。在孩子很小的时候，父母就会用眼神与婴儿进行交流，这对孩子来说，是非常重要的。等孩子稍微大一点的时候，父母会蹲下来和孩子说话，与孩子的眼睛保持平视的状态。与人交流的时候眼睛看着对方，这是非常重要的社交技巧。我们有时候看到一些孩子说话的时候不看对方的眼睛，他的眼神是飘忽的，这样的孩子内心可能缺乏安全感，或者说明他不太自信。非常自信的人都可以大胆地、认真地看着对方的眼睛说话。

那么如何培养孩子正确地与人交流呢？这里有一个小方法，孩子如果一开始害怕看着别人的眼睛说话，家长可以让他们对着镜子看着自己的额头说话，或者家长在自己的额头上贴一张贴纸，这个贴纸可以是任何形状，比如眼睛的形状，让孩子看着家长额头上的贴纸说话。这是一个比较好的训练方法，经过一段时间的训练，孩子就能够大胆地去看着别人的眼睛说话了。

家长是孩子的第一任老师，所以孩子的社交能力也是从家长身上模仿来的。如果家长是一个好的倾听者，能够对别人感同身受，或者会给别人很多说话的机会，并且在与别人交流时经常使用一些敬语，比如说"谢谢""请"这样的词，孩子也是会模仿的。

另外，家长要多带孩子去一些公众场合。在美国，家长从孩子很小的时候就会带他们去公共图书馆，在公共图书馆里面有很多人，孩子可以跟不同的人进行交流，就算孩子还没到说话的年龄，带他去这种公众场合，他也可以在实际生活中学习与不同年龄的人交流，一开始可能只是肢体语言，但是这也是培养社交能力的一个基础。

从幼儿园开始，美国就会有一些社交课程，或者一些社交训练。比如像我上面提到的，在额头上贴贴纸的方法。看一个人是厌烦还是高兴，或者烦躁不安，这些从面部表情上是能够看出来的，有社交能力的孩子或大人是能够敏感地捕捉到这些面部表情的。

在美国，幼儿园老师会给孩子看很多表情图画，然后让孩子来认识图画上面这个人是笑还是哭，让孩子感知愉悦的表情、愤怒的表情和伤心的表情是什么样的。慢慢地，孩子就能够从别人的面部表情中感知更多的信息了。

在美国，如果孩子严重缺乏社交技巧，还会有一些社交技巧训练小组帮助他们提升社交技巧。这些社交技巧训练小组通常都是比较小的团队，由一个老师或者成年人来带队，带领差不多年龄段的孩子组成小组进行培训。在这个小组当中，孩子们可以互相交流，结交朋友，然后一起学习解决问题的办法。通常，在最开始的时候会让孩子彼此先问候对方，在互相问候对方的

**素养决定孩子的格局：**
斯坦福妈妈把美式教育带回国

  过程中逐渐加深彼此之间的了解，接着会让孩子们就一个他们都比较感兴趣的话题进行讨论，讨论以后要互相看别人的反应，通过大家的反应再进行更深入的对话。在整个交流过程中，如果他们遇到一些问题，这个时候老师或者这个小组的成年人，就会给予他们一定的帮助。

  让孩子知道除了面部表情能够表达一个人的情绪以外，还有很多的肢体语言也是可以表达情绪的。比如说一个人不断地玩弄自己的手指头，有可能说明这个人有点不耐烦；或者一个人东张西望的，可能他已经比较着急了。其实这些方面，都是可以通过训练教会孩子的。社交技巧和能力，在美国非常受重视。经常有人会说，考试分数是一种硬实力，但是现在欧美的教育越来越重视对孩子软实力的培养。因为一个孩子长大了必然要走向社会，而这种软实力才是决定一个孩子未来是不是能够走得更远，能够成功的更重要的因素。

  培养孩子的情商，让孩子学会与人打交道在现代社会显得非常重要。在中国，可能很多家长只要求孩子成绩好就可以了，但是培养孩子的社交能力，我觉得也非常重要。家长可以多带孩子去一些公众场合，让他们多交朋友，同时要注意观察自己的孩子在跟别人交流的时候是一个什么样的状态？尤其是在跟他们的同龄人交流的时候，是不是会有一些冲突？孩子是如何平息这种冲突的？他在整个交流过程中扮演什么样的角色？他是不是一个好的倾听者？他是不是用一种恰当的方法跟别人交流和分享信息？他会不会突然打断别人的说话，等等。如果发现自己的孩子经常跟别人发生语言或者肢体上的冲突，或者有其他方面的问题，那么家长应该重视起来，而不是自我安慰可能是孩子脾气不好，或者性格比较内向，等等。作为家长，如果发现孩子出现这样的情况，则应该正视这个问题——自己的孩子在社交技巧方面比较缺乏。我相信只有家长足够重视这个问题，通过一定的训练来培养孩子的社交能力，孩子以后步入社会和在未来的工作当中，才能更有效地和别人协作，而这样的孩子才能全面发展。

**素养决定孩子的格局：**
斯坦福妈妈把美式教育带回国

# 领导力：有领导力的孩子阳光、自信

美国每四年一届的总统大选都会进行现场辩论会，这个辩论会也变成了美国人茶余饭后津津乐道的谈资。美国领导人的演讲能力是大家有目共睹的，他们不仅可以不需要稿纸连续说上两个小时，而且演讲时的风度、体态、肢体语言也都表现得相当完美。

美国孩子常常给人一种很阳光、很自信的感觉，其实这种自信来自于整个美国教育理念中从小就开始重视的领导力培养。

其实每个孩子在他的一生中都有在某一个方面成为领导者的潜力。当然，美国教育中对领导者的定义并不像中国——领导者就是我们通常理解的职位高、有权利的人。美国教育中定义的领导者是很宽泛的，它来自不同的背景、领域和多样的性格，有一些领导者可能随和友善，而有一些可能相对冷静客观。

虽然每个孩子的个性不同、成长环境各异，但是毋庸置疑，领导力是可以培养的。父母是孩子人生的引路人，许多成功的领导者也都坦言，他们的领导力最初都来自于父母的教导和影响。

美国教育非常重视领导力的培养,而且他们的很多方法也非常值得我们中国的学校和家长学习。那么,美国是如何从小培养孩子们的领导力的呢?

## 学会与人沟通

沟通就是说话,虽然听上去简单,但是其实要真正做好并不容易。一个好的领导者,一定是善于与人沟通的高手。

沟通技巧是可以训练的。孩子从出生开始,就在不断地学习与人沟通。不会说话之前,用各种肢体语言表达和沟通;咿呀学语后,开始学习用语言沟通。

我看过一篇文章,题目叫《所谓夫妻恩爱就是好好说话》。我想这句话也可以套用在父母和孩子的沟通交流上。孩子听话的时候,父母可以做到好好说话,但是孩子调皮捣蛋、考试不及格的时候,父母是否还能做到和他们心平气和地说话呢?

我是朋友圈里出了名的"放养妈",我觉得自己做得最好,并且一直坚持做的一件事就是始终和孩子保持平等的沟通。什么叫平等的沟通?就是始终把孩子放在一个和你平等的位置,当作一个独立的个体来思考和对话。在他们很小的时候,我就开始"蹲"下来和他们对话——目光平视,眼睛看着对方。一开始我的孩子和我说话时,眼神总是东张西望。我会告诉他,和别人说话的时候,眼睛看着对方是对别人的尊重。看着别人眼睛说话,也更能够通过眼神传达更多的信息。

美国教育里特别强调，父母要和孩子保持平等的对话和沟通。父母不要用一种居高临下、趾高气扬的语气和孩子说话。当孩子犯错时，要角色互换地站在孩子的角度去思考。而在这样的家庭环境下成长起来的孩子，长大后也更容易设身处地地为别人着想，成为领导者。

## 学会倾听

一个好的领导者也一定是一个善于倾听的人。美国从幼儿园开始，就非常强调孩子要做一个好的听众。幼儿园的老师会教孩子通过以下几点来学习做一个好的听众：①脸面向前方；②眼睛看着说话者；③手放在膝盖上；④两腿交叉放平；⑤举手回答问题；⑥认真思考所听到的内容。

一个好的领导者，并不一定在任何时候都要掌握话语权，总是夸夸其谈。学会倾听别人的意见，在合适的时机表达自己的观点，是美国教育中非常强调的一点。学会倾听是尊重他人的表现，更是从他人观点中不断完善自我观点的过程。

## 学会团队合作

美国教育非常强调团队合作。团队合作是美国孩子时常挂在嘴边的一个词，"孤胆英雄"在美国教育里并不提倡，而事实上任何人的成功都离不开团队的合作。美国从幼儿园到大学，学生都要集体完成一个又一个的项目。

小到集体做一个小手工，大到研发一种新产品。美国教育里有一个专门的词叫作 PBL（Project Based Learning），就是以项目或专题形式为基础的学习，而团队合作是项目学习的基础。在一个团队里，每个人的角色是不同的，有领导者就必然有跟随者。而每个孩子的才能也是不一样的，在这个项目里的跟随者可能就是另一个项目的领导者。

我记得自己刚到美国斯坦福大学上学的第一个学期，我和几个学生物的同学一起做一个项目。对于生物，我完全是个门外汉，所以在那个项目中，我始终扮演着一个跟随者的角色。我们的项目负责人安排我做什么，我就做什么。但是我一直注意学习他是如何安排每个人的工作，发挥每个人的特长，跟踪整个项目的进度，协调项目中有可能出现的问题。所以当那个项目完成的时候，我也从中学到很多。后来当遇到我所擅长的领域的项目时，我自然而然就成了那个项目的领导者。

学霸未必就是好的领导者，一个好的领导者一定是一个好的合作者。这是美国教育从幼儿园开始就有意识地传递给孩子的理念。

## 学会控制情绪

一个好的领导者在遇到事情的时候，必定是客观、冷静的。这一点别说孩子，其实对于大人来说都是不容易的。孩子在成长的过程中，经常会遇到这样那样的困难，也常常会出现情绪失控的情况。美国老师强调，在孩子情绪失控的时候，不要试图和他们讲道理。孩子在发脾气时讲任何道理他们都是听不进去的，因为这个时候和他们讲道理，只会火上浇油。越小的孩子越容易因为一些很小的事情而情绪失控。我通常的做法是在我儿子情绪失控的时候，把他带到自己的房间或是没有人的地方，先让他冷静下来。当然孩子有时也需要通过哭来宣泄一下自己的情绪。我通常会告诉他：你可以用哭来宣泄自己的情绪，但是哭并不能解决实际问题。我给你5分钟宣泄的时间，但是5分钟以后，我希望你能够平静下来和我讨论这件事情的解决方案。

把孩子的注意力从失控的情绪中转移到具体问题的解决方案上是一个立竿见影的方法。我通常会让孩子先告诉我具体发生了什么事情，是事情的哪一步让他突然很难受。帮助孩子分析事情的来龙去脉，他有哪些选择，每一种选择会有什么样的后果，他是否能够承受这个后果。

领导者总是会面对不同的困难，面临各式各样的选择。让孩子控制情绪，冷静、客观地做出选择，是每个父母应该教会孩子的。

## 责任感

无数成功者的例子告诉我们，一个好的领导者要比一般人承担更多的责任和更大的压力。所以培养孩子的领导力，一定要让他们知道未来必定会接受更多的挑战，承担更多的责任。培养孩子的责任感可以从一些小事做起，比如说给孩子制定一个相对容易实现的目标，或是让他帮助父母做一些力所能及的家务，都是培养孩子责任感的好方法。

责任感也意味着"言必行，行必果"，答应的事情就一定要做到。美国教育强调，父母不要对孩子轻易承诺，但是一旦承诺就要想尽办法做到。美国老师强调，如果父母不能做到的事情，就不要对孩子开空头支票。因为父母的每一句承诺，孩子都会牢记在心。一旦不能实现，久而久之，孩子也会养成没有担当的习惯。父母可以帮助孩子一起制定计划，并加以实施，这也是培养孩子领导力的好方法。

## 公开场合的演讲

在美国，大到美国总统，小到一个班长的产生，都要通过演讲来实现。美国从幼儿园开始就非常注重孩子在公开场合的演讲能力，每一个学期孩子都有公开演讲（public speaking）的课程。而每做完一个项目，学生都要做项目总结（presentation）。

公开演讲的能力是可以通过训练培养的。从幼儿园开始，每周的讲故事时间，老师都会邀请一名同学充当小老师。我记得儿子第一次被选上当小老师的时候，非常紧张。他很担心自己做不好，对我说："妈妈，我觉得我站在台上一定会脸红心跳，脑子里一片空白的。"于是我在家里和他进行了好几次的模拟，从每一句话的停顿到要配合什么样的肢体语言。反反复复练习几次后，儿子变得越来越自信了。这样做的目的是帮助孩子建立自信，同时帮助他预测如果发生状况的时候如何去应对。

其实，大多数人在公开场合讲话都会出现或多或少的怯场情况。多鼓励孩子、多给他们创造讲话的机会，并且告诉他们就算没做好也没有什么大不了的，每个人都会怯场，不断地帮助孩子建立自信心，相信孩子就会不断地进步。

一个好的领导者一定是一个好的演说家，美国强调训练孩子公开演讲的能力，不仅是对他们心理素质的培养，更是希望孩子能够勇敢地表达自己的意见。

## 训练孩子的谈判技巧

中国教育强调孩子在家要听父母的话，在学校要听老师的话。美国教育强调任何事情都可以商量或谈判（negotiation）。谈判的对象可以是父母，可以是老师、教授，甚至是任何权威。我还记得儿子读一年级的时候，有一天他回来高兴地告诉我："妈妈，老师今天本来要批评我的，结果最后表扬了我。"原来是他在课堂上说话，本来老师要对他进行一个小小的惩罚。但是儿子居然大胆地跟老师说："老师，我错了，您能够再给我一次机会吗？"老师对于他的这个请求很痛快地答应了。

打破条条框框，允许孩子挑战权威，勇于表达出自己的不同意见，这也是美国教育中训练孩子领导力很重要的一条。

写了这么多关于如何培养孩子领导力的内容，但是细细想来，这个世界上未必人人都能够成为领导者。每个孩子的性格不同，未来的人生轨迹也各异。但是我想学会与人沟通，学会倾听，学会团队合作，能够控制情绪，做一个有责任感的人，勇于在公开场合演讲，训练孩子的谈判技巧，无论未来是成为领导者，还是合作者，对于孩子来讲都是非常重要的。

　　作为父母，纵然我们有无数的梦想希望由他们去实现，但是请记住，每一个孩子都是完全独立的个体，他们有自己的想法，也有他们未来自己的人生道路。父母所能做的就是给予他们正确的引导，无论未来是一个领导者，还是一个合作者，让他们去做自己，去追逐自己的梦想，我们终将为他们感到骄傲和自豪！

# 表达能力："秀"出来，才能让人看得到

在美国，每四年一度的总统大选都需要经过很多轮的候选人电视辩论。这是美国政治生活中的盛事，候选人通过现场直播的辩论，向选民传达他们的政治理念、执政纲领，以此来打动人心，拉选票。

虽然美国总统大选离我们很遥远，但是从两党候选人的唇枪舌剑中我们不难看出，这种在公开场合演讲的能力不是一天两天就能够练就的。

在美国，从学前班（Kindergarten）开始，孩子们就要开始系统地训练演讲能力了。小到一个小学班级选班长，大到总统候选人电视辩论，美国人的演讲能力是有目共睹的，他们不仅可以不需要稿纸连续说上几个小时，而且演讲时的风度、体态、肢体语言也都表现得相当完美。

领袖人物似乎离我们的生活很遥远，但是知道如何表达自己的观点，对孩子们的成长而言是必不可少的。敢于在公众面前表达自我，是孩子们得到认可的第一步！

下面我就来给大家介绍一下，在美国是如何培养孩子的演讲能力的。

一想到要在一群人面前发言，我想很多大人都会发怵吧，更何况孩子了。

究其根本，是演讲的能力没有跟上。有的孩子是没什么想法，在大家面前不知道说什么；有的孩子有想法，但是害怕；还有的孩子会说也敢说，但是却得不到大家的认同。如何提高演讲能力，还得对症下药。

## 培养思维是根本

### 1. 有文化，演讲不可怕

在美国教育的教育理念里，阅读、写作、演讲是一脉相承的。

艾米，是我一个同事的孩子，我第一次见她，就觉得这个孩子特别有自己的想法，无论提到什么话题艾米都能给出自己的见解，虽然不一定是"正确"的，但都能让人耳目一新。我就向同事"取经"，原来艾米非常喜欢阅读。阅读涉猎的范围也非常广，"书中自有颜如玉，书中自有黄金屋"。通过阅读，艾米积累了大量的课外知识，也使得她对问题都有自己的思考。

### 2. 美国课堂的讨论练习

除了知识的积累，良好的表达能力是演讲的另一个关键，而这就需要多说多练。在美国的课堂上，老师常做小型的班级演讲来锻炼孩子的演讲能力。

"Show and Tell"（陈述）是最常见的形式之一，老师让孩子把自己觉得新奇或喜欢的事物带到课堂上，然后围绕这个话题展开陈述。老师会建议孩子通过5W1H模型[即What（什么）、Who（谁）、Where（何地）、When（何时）、Why（为什么）、How（如何）]来展开讲述，让孩子有序可循。之后，老师还会让孩子进行访谈式的对话，来进一步增强孩子们的沟通能力。

### 3. 演讲的神器——思维导图

思维导图在演讲时有着神奇的效果。5W1H 模型结合"思维导图"可以更清晰地把孩子的思路整理出来。

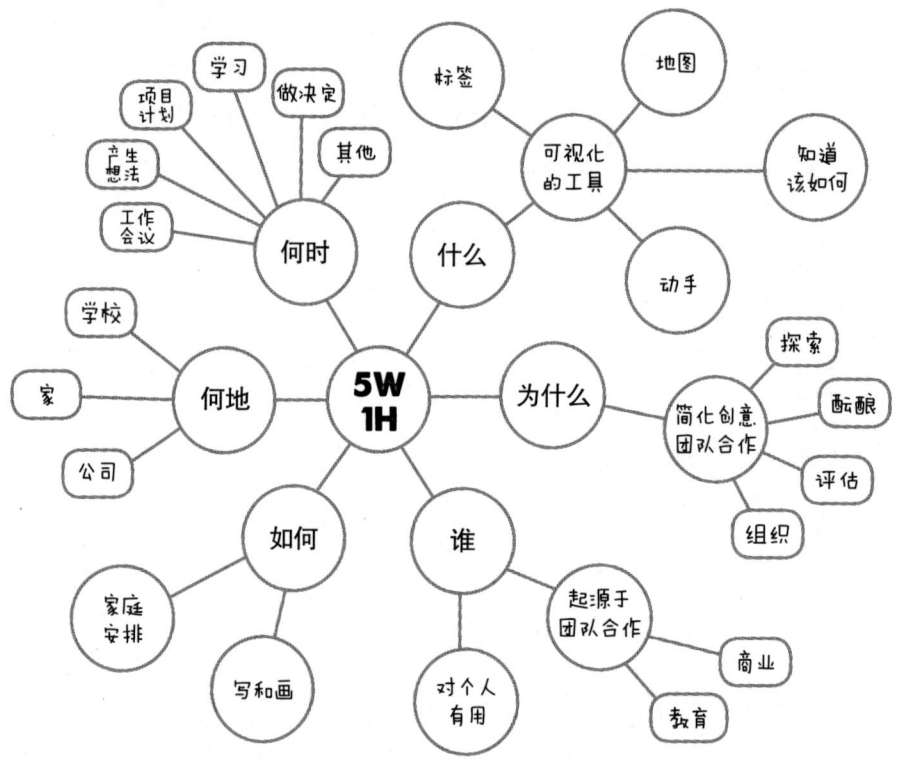

## 孩子怯场，家长宜"拉"不宜"推"

很多家长把孩子不敢在公共场合说话归结为孩子比较内向、害羞，但事实并非如此。

内向本身并没有错，内向或外向是不同人与生俱来的一种特质，外向的人可能更活泼，内向的人则更专注，两者没有好坏之分。内向与否，与孩子是否想表达自我没有直接的关系。实际上，也有很多优秀的演说家是内向的人。

内向的孩子之所以给人留下不敢表达的印象，或许是因为他们对自己的感受程度更高。所以当他们感受到害怕冷场，害怕惹人嘲笑时，就更不愿意去表达。但这已经不是内向的问题，而是孩子过分恐惧、害怕失败的问题。通俗地说，很可能是因为之前受到否定或嘲笑而有了表达的心理阴影。

我举一个我好朋友的例子。

她有一个5岁的女儿，因为我经常到她家做客，和小朋友关系也很好，所以孩子很喜欢唱歌给我听。

但慢慢地，我发现这个孩子从来不在人多的时候唱。我和朋友提起这事才知道，这个孩子有一次在班上唱歌唱到一半忘词了，班上其他孩子就开始起哄，喝倒彩。小姑娘本来就话不多，被这么一闹，当时就哭了。老师也没有多说什么，就让孩子回到位子上，从此，小姑娘就不轻易开口唱歌了。

我听完觉得奇怪，就问朋友，难道没有采取过措施，让孩子再尝试尝试吗？孩子有这种心态，大人肯定需要帮忙调整。朋友说，鼓励了，也没效果。比如，当有朋友聚会或家里聚餐时，她就会让孩子出来唱个歌。可问题是，自己越把孩子往众人面前推，孩子越是退缩，死活不肯唱，结果大家也很尴尬，慢慢地就算了。

我一听，就觉得朋友真是聪明一世，糊涂一时啊。鼓励孩子不应该用"推"，而应该用"拉"，应该是站在平等的角度去引导，而不是自上而下的命令。朋友听了我的说法，恍然大悟，后来"拉"了孩子一把，孩子也就慢慢地打开了心结。后来，在接下来的一次聚会中，朋友又一次提起"唱歌"这件事，但她没有让孩子唱，而是让孩子选首歌让她这个妈妈来唱（孩子选的歌，孩子自己肯定也比较熟悉），唱到一半时，朋友假装忘了词，让孩子帮忙提醒自己，但还是唱得断断续续的。接着，朋友就借机让孩子给自己帮唱，一曲唱完，孩子也唱开了，最后赢得了大家的喝彩，孩子也重新有了自信。

## 演讲的技巧，为发言加分

身体语言中包含了大量的信息，而这里就蕴含着演讲的技巧。像希拉里竞选总统的演讲，你会发现，她的每一个动作都恰到好处，什么时候微笑、什么时候抬起手都有讲究，她背后可是有一个团队专门为她出谋划策的。

关于演讲技巧，总结起来，主要有以下几点。

### 1. 声息

我把声息分为三个层次：听见，听懂，听得舒服。

听见——音量能让大家听到；

听懂——说得慢一点、清晰一点；

听得舒服——有重点、有停顿，可以通过朗读、速读、练声、呼吸调节等方式去训练发音、语速、气息。

此外，还有一个小窍门，就是让孩子把自己的声音录下来，家长和孩子一起分析优缺点，改善效果会很好。

如果大家注意留心就会发现，其实美国的总统在做公开演讲的时候，语速都非常慢。以美国的前任总统奥巴马为例，他演讲的时候，一定是把每一个单词的发音都发得非常清楚和饱满，尽量用短句，并且在需要强调的时候给予一定的停顿。

而反观美国很多文化程度不高的人，说话语速却非常快，并且常常用很多的连读，在该强调的时候一带而过。这样的交流最大的坏处是会让听众遗漏掉非常多的有用信息。

我以前是从事媒体工作的，在中国传媒大学读了本科和硕士，有普通话最高等级的证书。当初在学校训练普通话的时候，老师也不断强调每个字的发音需要足够清楚和饱满。

## 2. 姿态与眼神

站直会显得自信，手势会让演讲更自然！并且，用手做一些辅助的肢体动作会让听众获得更多的有用信息。

除此之外，眼睛是心灵的窗户，与听众保持眼神交流，目光直视而不是眼神飘忽、躲闪，都会传达出更多的有用信息。

### 3. 精神面貌

饱满的精神面貌会让演讲更具感染力，合适的服装、造型都会给整个演讲加分不少。以民主党候选人希拉里为例，虽然她已经年过半百，但是每次公开场合，她的着装搭配都是非常得体的。

## 四、如何帮助孩子准备一场演讲

### 1. 梳理演讲前的基本问题

演讲的内容当然还是得交给孩子自己，家长必要时可以帮助孩子梳理演讲前的基本问题：

（1）目的是什么？

（2）听众是谁？

（3）他们喜欢听什么（利益相关的、满足好奇心的、轻松愉悦的）。

### 2. 准备准备再准备

正如前面提到的，听众喜欢听利益相关的，能满足好奇心的、轻松愉悦的，因此帮孩子准备有趣的演讲道具，会给演讲加分。

### 3. 练习练习再练习

孩子对演讲肯定还是会有焦虑的，所以，最重要的是练习，给孩子多排练几遍，消除孩子的过度紧张情绪。

我的大儿子每周都会有一次演讲课，需要孩子们按照老师的要求就一个主题上台去表达自己的观点。通常我会和孩子一起在家里练习，包括他每句话的重音、合适的手势。这样的结果是孩子会越来越有信心，有时他的表现常常给我很大的惊喜。

冰冻三尺，非一日之寒。有了好的方法，还必须付诸实践并经常练习才能练就好的演讲能力，但关键还是要对症下药。我们的孩子未来将面对越来越多的挑战，让他们在公开场合勇于表达自己的观点，增加他们的自信心，相信我们的孩子们一定会给我们带来越来越多的惊喜！

**素养决定孩子的格局：**
斯坦福妈妈把美式教育带回国

# 创造力：每个孩子都可以成为小小科学家

美国小学里学的"科学"这门课，有点类似于我们小时候的自然课。但是实际内容又比"自然"丰富得多。我大致翻看了一下他们的课本，内容真是丰富多彩，包含了植物、动物、地球、天气、天空、物质、能量，涉及生命科学、地球科学及物理科学等内容。内容都不深，但是却梳理得很清楚。我觉得作为一个低年级的小朋友，能够对我们生活的这个地球有一个基本的认识和了解，对他们的成长还是很好的。

我努力回忆以前上自然课的情景，但是更多的记忆是自然课被"主科老师"要走了。我不知道现在国内的孩子是否还和我们那时一样，自然课作为"副科"，常常属于可有可无的状态。一旦"主科老师"，也就是语文、数学老师需要补课，首先想到的就是占用自然课的时间。

美国的小孩子从幼儿园就已经开始接触"科学"这门课了。他们不仅学习书本上的知识，而且还通过实践亲身体会和理解这些知识。我记得儿子在上幼儿园时就时常把植物或者标本带回家，有时是自己动手种的一棵向日葵，有时是用各种植物做的小手工。

第一章
具备全球化的优秀素养，孩子才能拥有大格局

美国的小学每学期都会有社会实践课，被称为"field trip"。老师会带领小朋友去农场、动物园真实地感受大自然。尤为重要的一点是，美国学校非常强调动手能力。儿子常常带回来一些他自己在学校做的手工作品，很多利用一些日常用品做出来的小玩意真的充满了"奇思妙想"。我想这也是美国的孩子越成长越富有创造力的原因吧。

看一看他们关于"自然资源"（Natural Resources）的卷子后，相信国内的家长会对美国的科学教育有深刻的了解。

第一题：什么是自然资源？

第二题：举个例子来说明如何使用这些自然资源。

第三题：举个例子说明如果利用植物让我们的生活变得更好。

第四题：关于污染。

第五题：关于回收。

从上面的"自然资源"测试可以看出，美国孩子的环保意识是从小养成的。我觉得这一点特别好！我儿子很小就知道垃圾要分类，要节约用水。这种在学校里所受到的教育，我想对孩子一生都会有影响吧。

人人都可以成为小科学家，这是美式教育从小给孩子传达的一个理念。当然成为科学家并不是那么容易的，首先需要一些科学的技能和运用科学的方法；其次要学会做计划，并且不断地调整自己的方案。当然在做科学实验的时候，还需要懂得如何保护自己。

**素养决定孩子的格局：**
斯坦福妈妈把美式教育带回国

# 时间管理能力：克服拖延症可以使用思维导图

每当新学期开始的时候，孩子们就要从"悠长假期"转换到"忙碌学习"的模式了。很多人感叹："开学第一周，真是累成狗啊！我家孩子把一个假期的作业全部都攒到最后两天来做，我还得陪着他熬夜。新学期的学习任务又加重了，旧账还没补上，新账又来了，怎么办啊？"

孩子不按时完成假期作业，拖到最后再来赶是特别普遍的现象。因为对于孩子来说，忙碌学习了一个学期，悠长假期的到来，会让他们忘乎所以，完全忽略了还有假期作业需要完成。除此之外，假期的各种兴趣班或是全家的旅行计划，也会让他们对假期作业视而不见。

但是还有一个更重要的原因则是，孩子不会合理地安排利用自己的假期时间，总觉得假期还长，有的是时间完成作业。可是，一个假期一转眼就没有了。其实这就是通常我们所说的——"拖延症"。不仅孩子有"拖延症"，我们很多大人也有"拖延症"。

新的学期开始了，时间可谓是"争分夺秒"，面对"睡眼惺忪，思维飘荡，作业拖沓"，完全没有进入状态的孩子们，我想很多家长体内的"洪荒之力"

都在不断地蓄积吧。

面对孩子的磨蹭、拖拖拉拉，早上"起床和早饭战役"和晚上做作业的过招，也让家里的战争不断地升级。有些家长向我询问："面对孩子的磨蹭、拖延症，我真的很难心平气和，无法做到淡定，中国的家长对此通常是催促加吼叫，美国的家长是不是也这样，有没有更好的办法？"

我想说的是，其实没有哪个孩子不磨蹭，因为那就是孩子的节奏，带孩子就仿佛牵着蜗牛去散步，你能做的只有等待，因为你永远改变不了蜗牛的节奏。但是现实生活中，孩子不是蜗牛，所以家长们总想改变他们的节奏，因为蜗牛只有跑得更快才能追上乌龟，乌龟只有跑得更快才能追上兔子……

美国家长在面对孩子磨蹭时，有时也是很崩溃的。我在斯坦福大学读书的时候，曾经和学校里一个教育学院的教授探讨过这个问题。2016年，斯坦福大学的教育学排名全美第一，而我的这个教授朋友所做的正是"儿童行为与心理"方面的研究。

她这样对我说："其实我们成年人按照自己的节奏去要求孩子是不公平的，但是放任不管显然也是不对的。在理解和尊重孩子的基础上，和他们一起制定行之有效的方案是帮助孩子克服'拖延症'的最好办法！"

并且她向我强调，这个计划一定要和孩子一起制定，而不是家长一厢情愿地自己去制定。而且，这个计划要的确"可行"，不是一味地"好高骛远"。

比如说，家长希望孩子每天早上5点起床开始背单词。这样的计划明显就没有考虑到孩子的睡眠需要。如果孩子头一天晚上做作业做到很晚，第二天没有充足的睡眠，就会影响他一整天的学习效率。

那么家长如何帮助孩子克服磨蹭、拖延的习惯呢？我总结归纳了一些好的方法，大家可以结合我下一篇文章里提到的培养孩子思维能力的"思维导图"来使用。（见第52页）

第一步，我们可以借助圆图（Circle Map）和孩子一起列出他们"一天中所要做的事"。

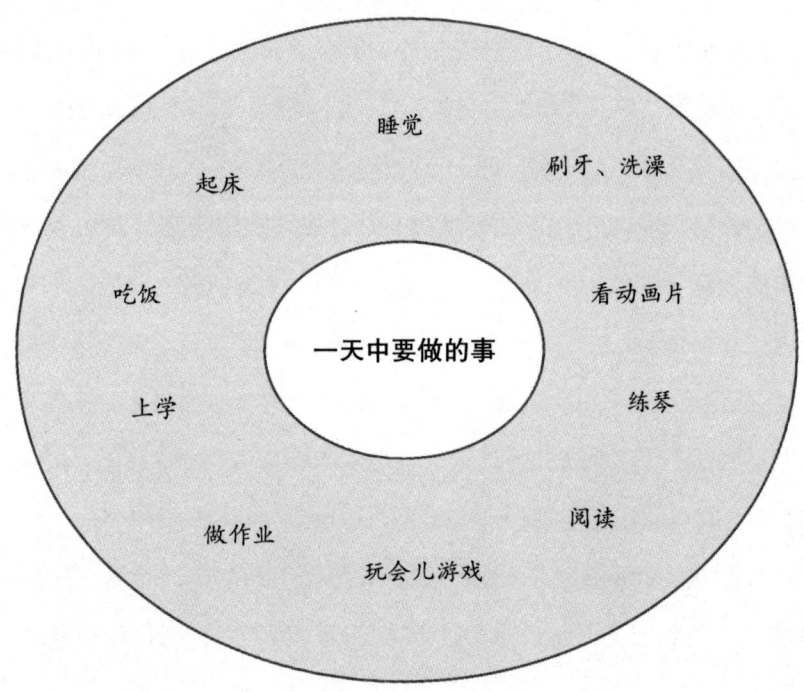

孩子的思维通常是比较发散的，也就是我们通常说的"想到一出儿，是一出儿"，很难有全局观。和孩子一起把他们一天中所要做的事情都用"圆图"的形式列举出来，孩子会说："哇，原来我每天需要做这么多事情啊！"他们就会有一个直观的整体概念。

第二步，可以用括号图（Brace Map）把一天当中要做的事情列举出来。

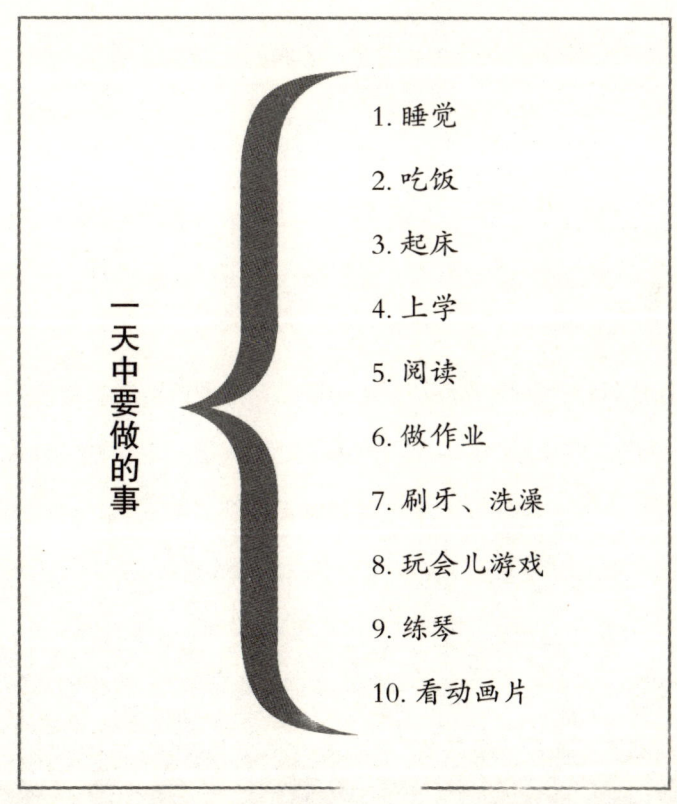

第三步，用流程图（Flow Map）把一天中要做的事画出来。

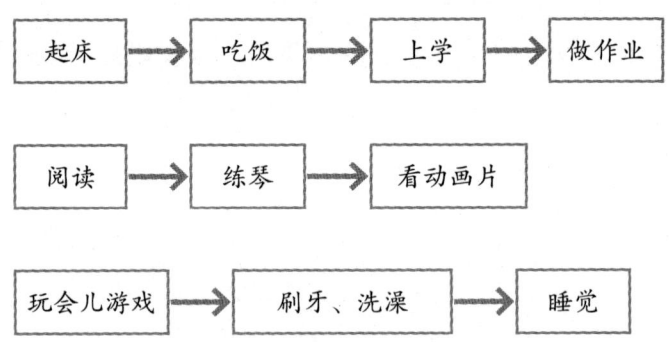

和孩子一起做出切实可行的计划并不是件容易的事情，这需要家长和孩子耐心沟通，帮助他们整理思路。计划的执行可以灵活处理，在执行过程中可以不断进行调整。

如果在执行过程中出现时间不足的情况，根据事情的重要程度可以做出取舍。比如说当天作业太多，可以把看动画片或是玩游戏暂时放弃。周末也不必完全按照平时上学的计划来执行，家长可以和孩子另外制定一张周末的表格，或是在平时的基础上略有调整。做计划的目的在于执行，孩子在执行的过程中得到成长，实现自我管理。

除了和孩子一起运用"思维导图"来制定每天的日常计划之外，帮助孩子克服"拖延症"还有一些其他的诀窍。

第一个诀窍，拆分任务。

好多人不愿意执行任务，是因为觉得整个工程量太大，或者太麻烦了，而将这些看似不可能完成的"大任务"拆成小任务，是个不错的办法。当孩子们完成一个小任务时，家长就让孩子将这一任务在清单上狠狠地画掉（这可是个很有成就感的过程）。走一步，再走一步，不知不觉中，任务就完成了。

第二个诀窍，把任务细分，不断设立最后期限（deadline）。

开学伊始，家长和孩子们都会制定一些新目标，比如这学期看多少本书，但往往到学期结束时，才发现一个学期下来除了老师硬性要求的书外，一本也没看，或只是翻了翻就放在一边，没有下文了。

这是因为看书这件事，不像每日家庭作业，有个明确的最后期限。家庭作业，拖也就拖几个小时，顶多几天，但像看书这样的事一不小心就可能会拖一辈子！所以这就需要家长和孩子一起来设立最后期限，根据任务的量，把期限设立在几小时之后或几天之后，等等。

第三个诀窍，给自己留一个缓冲。

也许这是拖延症患者最想听到的建议了，不过这确实很重要。如果计划制定得太紧凑，一旦错过就难以继续执行，很可能一拖到底！

我曾经看到过一个小朋友的时间表，非常诧异！他计划很早起床，然后去跑步，再去背单词，紧接着看多少页书……期间没有什么缓冲，对自己十分"克扣"，但这样的计划往往最后根本无法实施（理想很丰满，现实很骨感），总是计划赶不上变化，最终回到"拖"的状态。

第四个诀窍，父母和孩子一起制定一系列的奖励和惩罚机制。

比如说，连续三天都按计划完成的话，可以多看10分钟动画片或是吃几颗巧克力。连续三天没有按计划完成，则暂时剥夺看动画片的时间，等等。

当然，要提醒家长的是，所有的工具都是为人服务的，最终目的都是解决问题，家长和孩子的问题最终还是亲子关系，亲子关系的核心是爱。

让孩子感受到你对他的爱，从而激发他爱的能力。和孩子一起做计划的过程，家长要向孩子传达对他的理解和爱，如果脱离了这个前提，用冷冰冰的工具去程序化地管理他，即使你用了世界上最先进的工具，也培养不出自信优秀的孩子！

## 逻辑思维能力：
## 美国的老师用思维导图开启孩子的无限潜力

在美国，"思维导图"被教育学家、工程师、心理学家等用在学习、头脑风暴、记忆、视觉记忆和解决问题方面已经有很多年了。

我在美国斯坦福大学读书的时候，很多课堂上的讨论，教授的讲解其实都运用了"思维导图"的原理。我先生的博士和硕士学位都是在美国斯坦福大学攻读的。他博士学位主攻方向是机器人与人工智能，而硕士学位的主攻方向就是 Design Thinking（设计思维）。"设计思维"就是把"思维导图"发扬光大的主力推手，因为它们两者都主张把有用信息图形化，可以说"思维导图"是"设计思维"里面用得最多的工具之一。

接下来，我就给大家详细讲解一下什么是"思维导图"，家长如何通过"思维导图"来训练孩子的逻辑思维、写作能力，激发孩子的大脑潜力。

思维导图（也有人叫作心智地图、脑图），英文是 Mind Map 或者 Thinking Map，是一种以中央关键词或想法（包括文字、数字、符码、食物、香气、线条、颜色、意象、节奏、音符等）引起形象化的构造和分类的想法。

它以头脑风暴（激发灵感）方法为基础，建立一个适当或相关的概念性组织任务框架，充分利用人类左右脑的生理机能，把各级主题的关系用相互隶属与相关的层级图表现出来，简单却又极其有效。

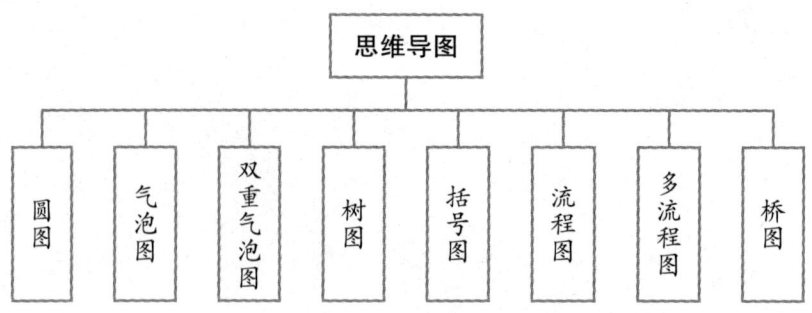

在美国课堂上，老师会广泛运用"思维导图"帮助孩子们进行思考，培养他们的逻辑思维能力、写作能力，开启孩子大脑的无限潜力。那么思维导图（思维地图）一共有哪些分类？每一种都有什么特点？家长如何运用思维导图来培养孩子？

## 1. 圆图（Circle Map）——主题思考

圆图由两个圆组成，小圆是核心主题，外面的大圆则对主题进行描述，罗列了和这个核心主题相关的描述和理解。圆图是思维导图最基础、也是最简单的一种表现形式，因为它简单、明了、直截了当。

第一章
具备全球化的优秀素养，孩子才能拥有大格局

家长们常让孩子多读书，却往往忽视了孩子读书的方法。其实孩子在阅读一本"新书"之前，往往已经有相关的知识储备——听过、看过或想过相关的内容。而调动这些知识储备，则可大幅度提高阅读和学习的效果。

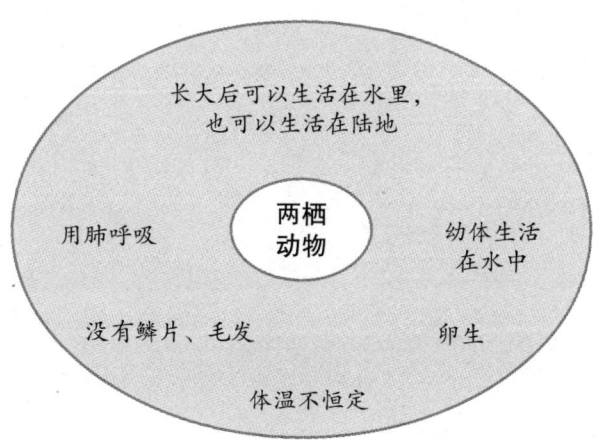

以上图为例，当孩子在阅读一本关于两栖动物的科普类书籍时，先让孩子画圆图，自己思考两栖动物有什么特征，写在小圆外、大圆内，家长可以在一旁辅助。这个过程能让孩子将以前零碎的印象归纳成一个知识体系。在画完之后进行阅读，孩子不仅会觉得阅读起来很轻松，而且还能很好地巩固知识，不会看了就忘。

## 2. 气泡图（Bubble Map）——拓展思维

气泡图由许多泡泡组成，中间部分是主题泡泡所要描述的核心问题，周围的泡泡通常称为"属性泡泡"，每一个属性泡泡都有一条线和主题泡泡相连接。

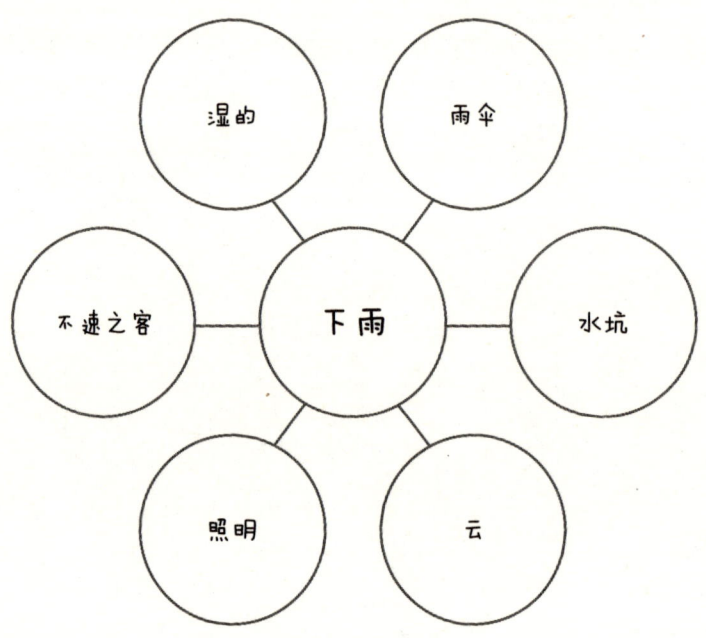

第一章
具备全球化的优秀素养，孩子才能拥有大格局

这是我儿子的老师在课堂上讲解什么是"爱"的时候，孩子们在老师的引导下画出的一张"气泡图"。

**【应用场景】——主题写作**

写作文往往是令孩子最为头痛的难题，一提到天气就是"阳光明媚""万里无云"，这样千篇一律的想法，不仅老师不会给高分，孩子也觉得无趣，更不会进步。好的文章，往往有很多细节描写和丰富的联想，而气泡图就能很好地锻炼孩子这方面的能力。

**素养决定孩子的格局：**
斯坦福妈妈把美式教育带回国

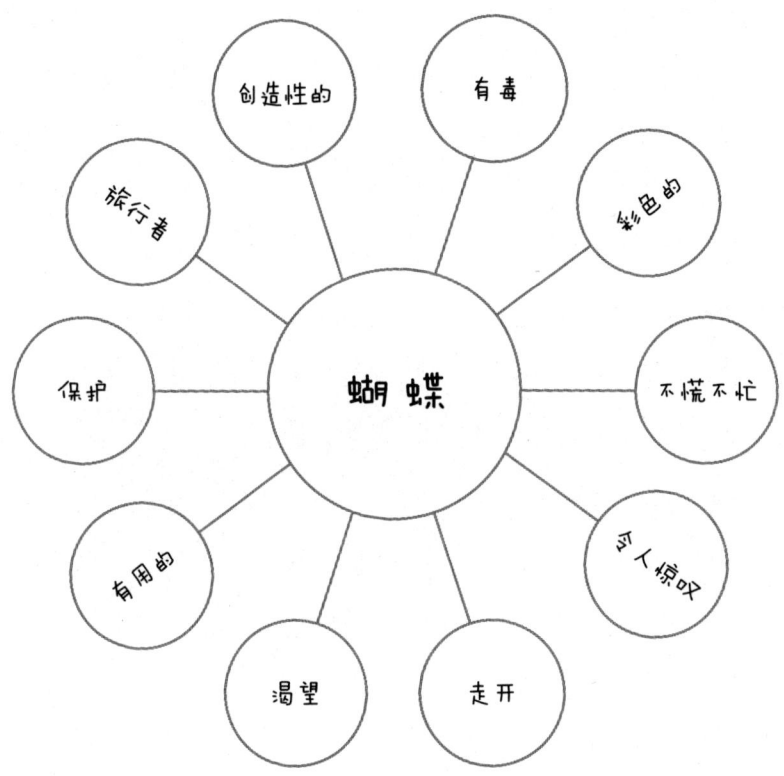

以上面这张气泡图为例，如果孩子要写关于蝴蝶的文章，家长们就可以让孩子画出气泡图。对蝴蝶展开联想：蝴蝶可能有毒，蝴蝶是彩色的，创造性的，是个旅行者……而把这些描述有机地结合在一起，就能碰撞出不一样的火花。

再举个例子，当孩子看优秀的文章时，用气泡图来归纳里面对人或物的描述，并用到自己的文章中，长此以往，写作水平也一定大有提高！

## 3. 双重气泡图（Double Bubble Map）——反映事物的对比关系

双重气泡图是单一气泡图的升级版，因为很多时候不止一个主题，这个时候就要用双重气泡图，甚至多重气泡图了。下图是用香蕉和苹果为例的双重气泡图，分析各自的特点。

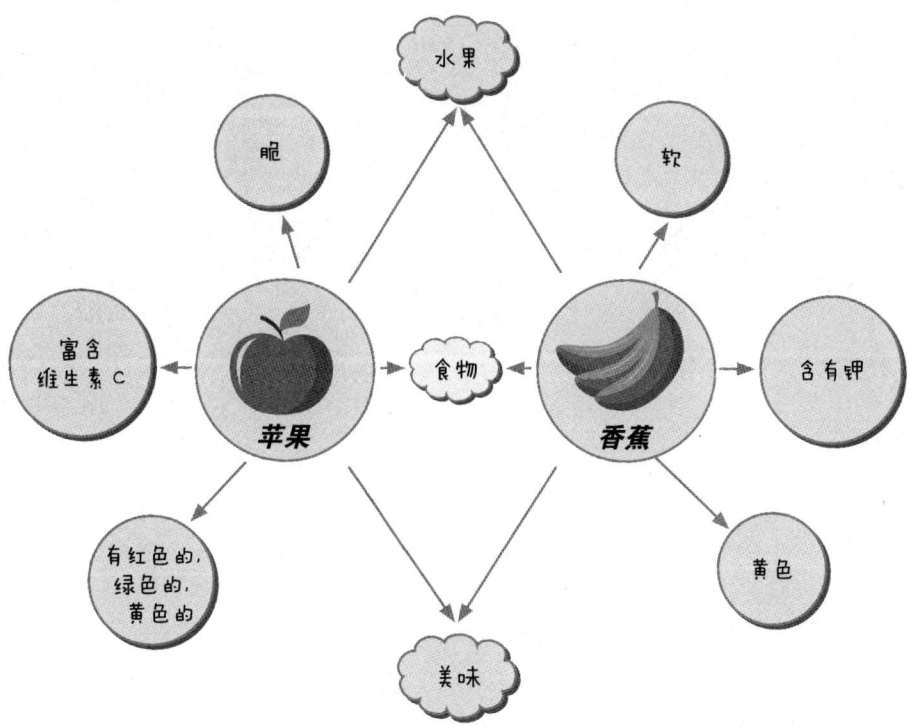

下面这张图是在双重气泡图的基础上的升级版。

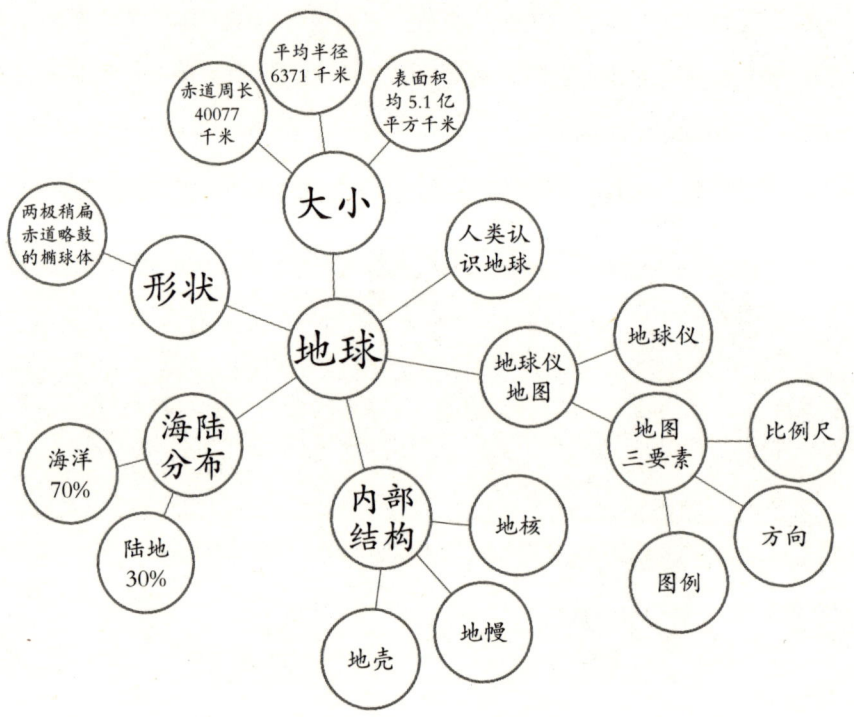

**【应用场景】——事物对比**

无论在生活还是学习中，孩子们可能都会碰上相似的概念。这时双重气泡图就是一个学习法宝。在左右两个大圆圈中，分别写上两个混淆不清的概念，小圆圈中写上相关特征或内容。只与一个大圆连接的小圆就是两者的不同点，与两个大圆都有连接的就是两者的共同点。画完后，立刻就能分辨两者之间的相同与不同之处了。

### 4. 树图（Tree Map）——理清事物之间的分类关系

树图，顾名思义，就像一棵倒立的树，最上方的树根是主题，树枝就是这个主题下的分类，而树叶则是这些分类里面具体的相关描述。比如画动物分类图，主题是动物，树枝可以是不同的动物类型（爬行类、昆虫类、鱼类、鸟类、哺乳类等），最后的树叶就是每一种类型下面有哪些具体的代表动物。

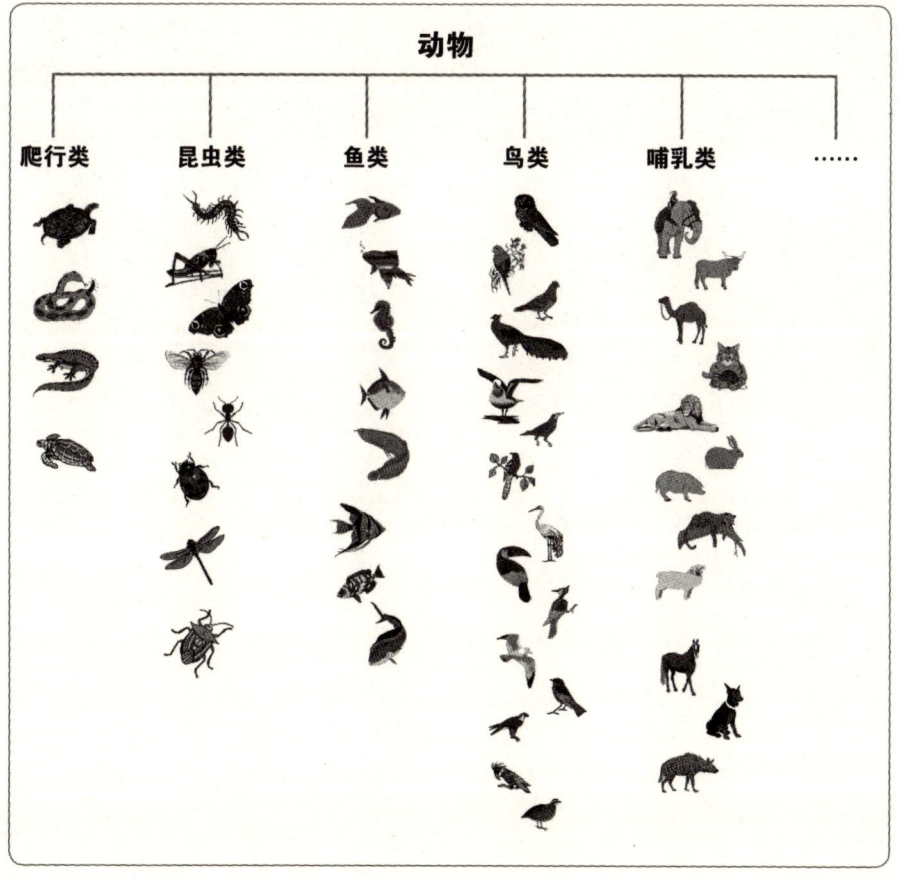

**【应用场景一】——英语单词记忆**

我在其他文章中有提到过，美国孩子通过自然拼读法来学习英文。其实树图也是一种非常好的英文单词记忆方法，如下图。

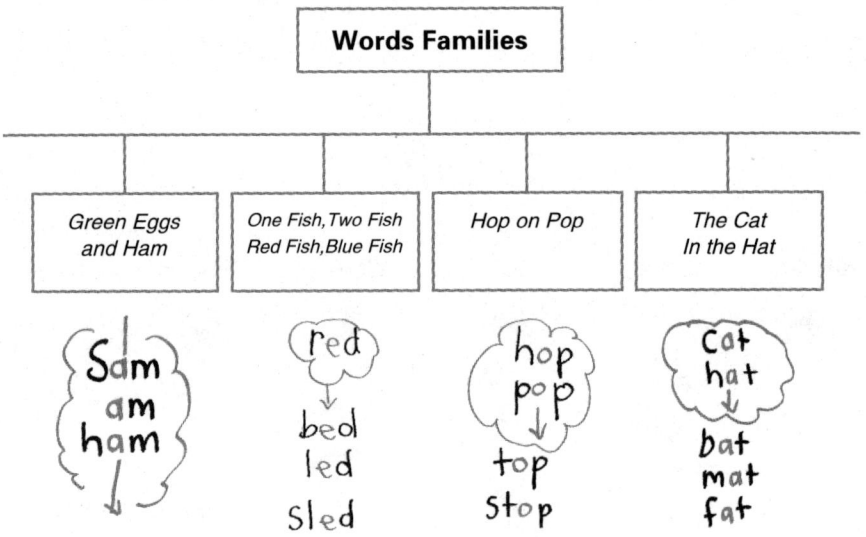

**【应用场景二】——理清文章里复杂的人物关系**

大家都会让孩子阅读名著，但有些名著里面难记的人名和复杂的家族关系很让人头疼。而画树图会让一切变得简单明了，例如有人曾用树图把《红楼梦》中贾家的人物关系图画出来，看了图就对里面的人物关系一目了然了。

## 5. 流程图（Flow Map）——对事物过程的把握

流程图可以非常清晰地描述一件事情的各个过程，如下图的蝴蝶的生命周期。

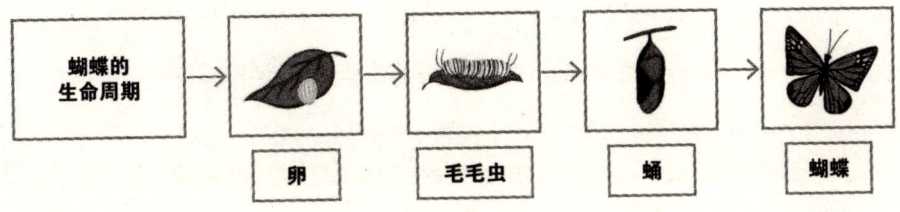

【应用场景】——时间计划

家长们不妨让孩子从每天早上起床后的流程开始练习列流程图。

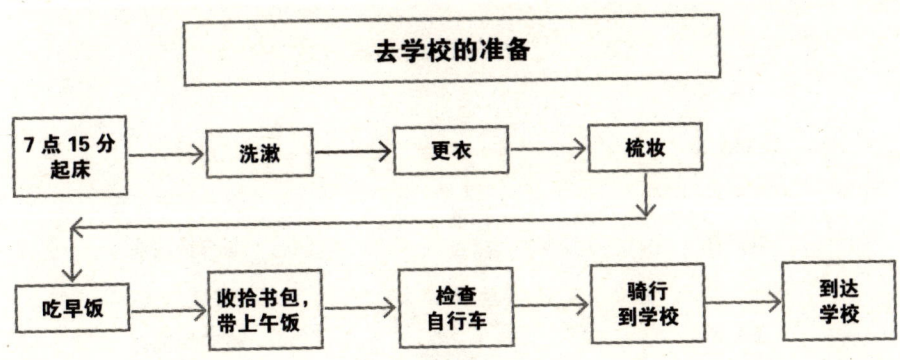

无论是一天的安排还是做一件事的先后顺序，孩子自己一步一步地列出各个步骤，做事将会变得很有条理。

另外，如果家长打算教孩子做一些事，流程图也非常实用，先做什么后做什么一目了然，孩子自然也掌握得快。

## 6. 多流程图（Multi-Flow Map）——事物之间的因果关系

多流程图是流程图的升级版。一件事情很多时候是由很多原因引起的，不同的原因会导致不同的结果。先帮助孩子分析引发事件的原因，最后总结事情发生的结果，这能很好地让孩子把握事情的来龙去脉。

【应用场景】——帮助孩子认知事情的因果关系

多流程图不仅可以运用在阅读中，在生活中也有重大意义。比如下面的例子，如果孩子写作业拖拉，家长可以和孩子一起画多流程图，这能让孩子思索其中的关联和对错，从而改掉拖拉的习惯。

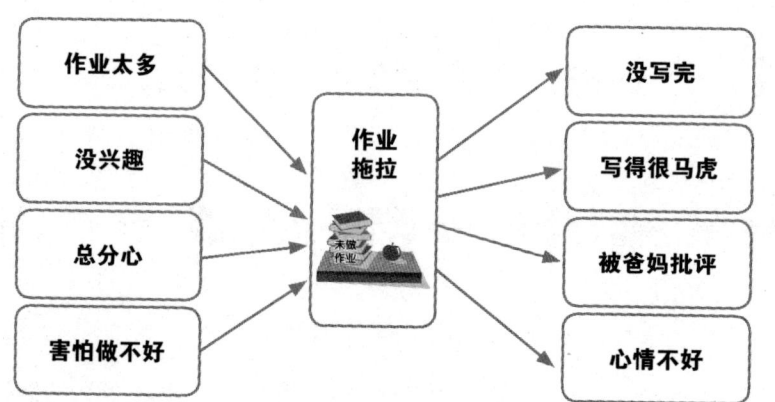

注：建议家长在指导孩子画思维导图的时候，可以让孩子在分支下面画上相关的图

## 7. 括号图（Brace Map）——分析事物的结构

括号图可以帮助孩子分析一个事物的结构，理解整体和局部的概念。如下图，要想垒一个雪人，需要哪些部件。

**【应用场景】——课堂上归纳老师所讲的知识**

学会括号图，对孩子上课记笔记非常实用！如果孩子刚接触到"身体"这一概念，就可以让他通过括号图来分析身体的结构。现在，很多老师上课也是用括号图来写板书的。

## 8. 桥图（Bridge Map）——事物之间的类比关系

桥图用来描述事物之间的相似和类比的关系。在桥图横线的上面和下面写下具有相关性的内容，像一座桥一样，因此得名。

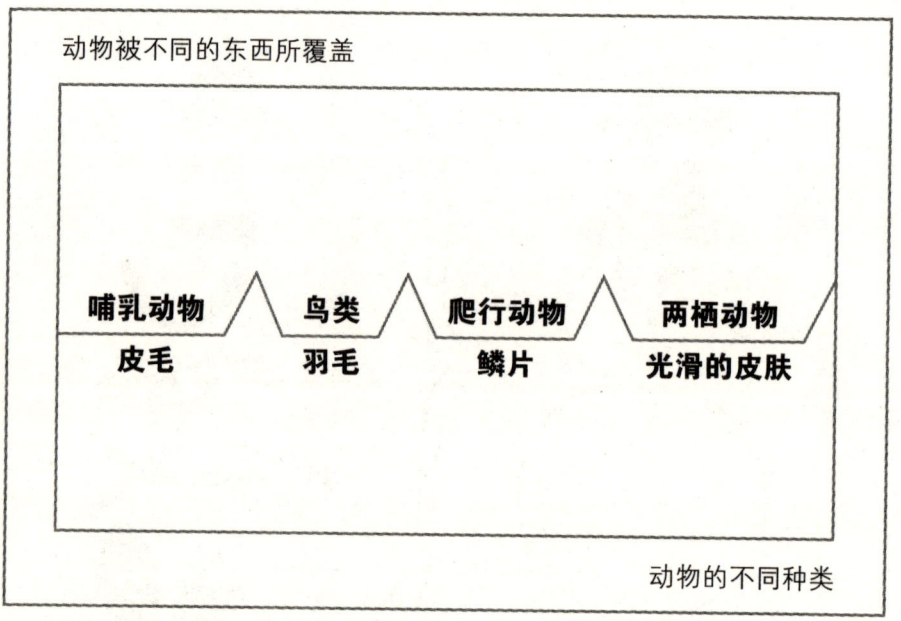

**【应用场景】——学习类比**

桥图横线的上面和下面写下具有相关性的内容。如上图，动物身上都被不同的东西所覆盖——哺乳动物（皮毛）、鸟类（羽毛）、爬行动物（鳞片）、两栖动物（光滑的皮肤）。这样做类比，孩子就能够很快地记住一连串的知识了，非常有效。

通过上面的介绍，大家可以发现，这几种思维导图的根本就是寻找事物之间的关系，来帮助人们理清逻辑，拓展思维。了解它的本质后，我们会发现其实无论大人还是孩子，在现实生活中都会不经意地用到它，只是形式有些不一样而已。

我家的老大准备外出游玩时，他会想着要带哪几类东西，然后将它们罗列出来。孩子们做笔记时，也会经常用到"括号图"。当然，以上介绍的几种形式的思维导图只是帮助孩子们更严密地、更具开拓性地、更明确地去思考，是孩子们的一个学习帮手。在使用这些工具时，最重要的是本质，而不在于表现形式。

思维导图的核心就是"将你的想法画出来"，使用思维导图，可以把一长串枯燥的信息变成彩色的、容易记忆的、有高度组织性的图，而这与我们大脑处理事物的自然方式相吻合。波音公司就曾用"思维导图"来设计飞机，使本来需要6年的设计工程在6个月内就完工了！

最后我想说，当孩子还处于思维发展阶段时，如果家长能够有效利用"思维导图"来引导孩子，激发他们的想象力，培养他们的逻辑思维能力，我相信一定会有意想不到的收获的！

素养决定孩子的格局：
斯坦福妈妈把美式教育带回国

# 语言能力1：像美国孩子一样学英语的两个法宝

在美国，一个一年级的孩子大概可以阅读《五只小狗》（*The little five dogs*）这样文字量很大的书籍了。很多人都很吃惊美国一个一年级的孩子竟然可以阅读这样的书籍了。

美国孩子如何学英语？这也是国内的父母都很感兴趣的一个话题。英语是美国孩子的母语，不过就像中国孩子学中文一样，虽然他们每天在日常生活中都会接触到英语，但真正要掌握好一门语言，也并不是那么容易的。美国孩子学习英语有两个法宝——自然拼读法（Phonics）和高频词汇（Sight Words）。

第一个法宝是自然拼读法。什么是自然拼读法呢？简单来说就是在看到单词的时候，根据英文字母在单词里的发音规则把这个单词拼读出来。类似中国孩子在学习汉语拼音的时候，根据汉语拼音的读音规则来拼读汉字。

自然拼读法最大的好处在于能够让孩子掌握英文的节奏和韵律，直接拼读出单词，从而产生英语的语感。自然拼读遵循的是"字母发音—字母组合发音—单词—简单句子—段落"的学习规律。

第一章
具备全球化的优秀素养，孩子才能拥有大格局

掌握了基础的字母发音之后，孩子们开始学习同一个字母在单词里不同位置的发音，例如：ape、cat、zebra，以及同一字母在单词里重复使用时的发音，有时一样，有时不一样，比如：clock、kettle、airplane。

学习完单个字母的发音规则，美国孩子就要开始学习字母组合的拼读规则了。字母组合的拼读规则是孩子们学习英语的难点和重点。在英语当中，有元音和辅音的区分。对于5个元音字母和一个特殊的字母Y，孩子们需要掌握它们在不同情况下的读音规则。下面我做了一张图表，仅作参考。

### 字母组合的拼读规则

| | | | | |
|---|---|---|---|---|
| Long A | ape 猿 | lake 湖 | gate 闸门 | |
| Short A | apple 苹果 | axe 斧头 | sack 袋子 | |
| Long E | eat 吃 | eel 鳗鱼 | feet 脚 | |
| Short E | echo 回声 | nest 鸟窝 | edge 边缘 | |
| Long I | icebergs 冰山 | kite 风筝 | bite 咬 | |
| Short I | insect 昆虫 | bird 鸟 | panic 惊恐 | |
| Long O | oak 橡树 | lonely 孤独的 | potatoes 土豆 | |
| Short O | mop 拖地 | off 离开 | ostrich 鸵鸟 | |
| Long U | ukulele 尤克里里 | ufo 飞碟 | united 联合 | |
| Short U | under 在下面 | up 上面 | ugly 丑陋的 | |
| Middle Y | rhyme 押韵 | thyme 百里香 | symbols 符号 | cymbals 铜钹 |
| Ending Y, like long "A" | gray 灰色 | pay 付款 | | |
| Ending Y, like long "E" | celery 西芹 | ugly 丑的 | | |
| Ending Y, like long "I" | cry 哭泣 | pry 撬开 | | |

素养决定孩子的格局：
斯坦福妈妈把美式教育带回国

在元音当中，不规则元音的拼读规则是最难的。下面这两张图表是我孩子所就读的学校给出的不规则元音拼读示范。

### 和孩子一起练习不规则元音图表

| oo | igh | ight | oi | ought | alt |
| --- | --- | --- | --- | --- | --- |
| ay | aw | au | aught | ind | eigh |
| ild | sion | ew | ough | ir | oy |
| ar | or | tion | alk | old | ost |
| ould | ur | ill | ell | er | ey |
| all | ound | ing | ed | ou | ous |
| ow | olt | | | | |

### 不规则元音的单词示例

| o̽o book | ay day | eigh sleigh | igh high | er her | tion nation | ow cow |
| --- | --- | --- | --- | --- | --- | --- |
| o̅o moon | all ball | ey they | ight sight | ir fir | sion tension | ow crow |
| oy boy | aw saw | ell bell | ild wild | ur fur | old told | ou thousand |
| oi soil | au haul | ed -d -t -ed cried, laughed, crooked | ough ū, ŏ, ŏw, ō, ŭff, ŏff through, thought, bough, though, rough, cough, | | alk walk | ound found |
| ought brought | aught taught | ew few | ing crying | or for | ost most | ous famous |
| ould could | alt salt | ill will | ind find | ar bar | olt colt | |

68

# 第一章
具备全球化的优秀素养，孩子才能拥有大格局

另外，还有辅音连读（consonant blends）、两字母发一音（digraphs）、不发音的字母（silent letter）示范。比如下图：

**辅音连读、两字母发一音和不发音的字母**

| ch | sh | sk | tr | ph | kn | br |
|---|---|---|---|---|---|---|
| cl | cr | ck | fl | fr | gl | gr |
| pl | pr | sc | bl | sl | sm | sn |
| sp | spr | st | str | sw | dr | fw |
| wr | qu | gh | nk | scr | gn | thr |
| mb | wh | ng | nd | th | | |

**不规则元音的单词示例**

| ch<br>chew | sh<br>shell | th<br>the,<br>thumb | wh<br>whale | ph<br>phone | bl<br>blow | br<br>brown |
|---|---|---|---|---|---|---|
| cl<br>clap | cr<br>crown | dr<br>drop | fl<br>flow | fr<br>from | gl<br>glad | gr<br>green |
| pl<br>plate | pr<br>price | sc<br>scary | sk<br>skunk | sl<br>sleep | sm<br>small | sn<br>snow |
| sp<br>space | spr<br>spring | st<br>state | str<br>string | sw<br>sweet | tr<br>tree | tw<br>twist |
| wr<br>wrong | qu<br>queen | kn<br>know | nk<br>think | ck<br>Rick | gn<br>ghost | scr<br>scrap |
| mb<br>lamb | gn<br>gnat | thr<br>three | ng<br>sing | nd<br>hand | | |

第二个法宝是高频词。高频词顾名思义就是在英语学习初期出现频率最高，孩子们需要强化记忆的单词（家长可以将这些高频词打印出来，让孩子

**素养决定孩子的格局：**
斯坦福妈妈把美式教育带回国

加强记忆）。就像我前面提到的，美国孩子在一年级的时候已经可以阅读《五只小狗》这种单词量很大的图书了，这完全得益于自然拼读和高频词这两个学英语的法宝。当然，这并不是说孩子们完全能够理解书里的每一个单词，但是通过自然拼读和高频词的配合学习，孩子们对书里的大概内容是可以理解和领悟的。

这两个法宝是针对英语初学者的一些方法。自然拼读是让孩子们完成"音"和"形"的学习步骤，而在理解"意"的过程中，高频词的记忆让孩子们完成了一整套英语学习的过程。配合使用这两种方法的同时，如果父母再给孩子选择一些比较有趣的读物，相信孩子在英语阅读上一定会有飞跃性的进步。

---

### 给父母们一些教孩子学英语的建议

1. 每天晚上花15分钟的时间与孩子一起阅读一本英文书，唱英文歌曲或者玩一个英文游戏。
2. 孩子最喜欢学的内容是在他的环境里，能够和他交流的、有用的东西。比如，在画画、吃饭、游戏等生活情境中经常使用的英语。
3. 买一些简单的原版英文图画书，并且与孩子谈论书中的故事和图画。
4. 常放些英文歌曲，并且尝试和孩子一起唱。

5. 对于大一点的孩子，将英语学习与学科知识联系起来，用英语来学习那些重要而有趣的语文、数学、科学等学科知识。

6. 孩子不大理解的话，需要家长反复指导。这时，不能只是用英语来教英语，在画画、吃饭、游戏时也要经常使用提示性的英语。特别是在孩子感兴趣的方面多使用英语，可以迅速提高孩子的学习效率。

7. 经常强调日常生活中有用的简单语言，可以让孩子因为使用它而能更自然地学习它，而不只是死记硬背。

8. 如果你不会英语，没关系，和孩子一起学，做他积极的陪伴者！享受语言学习的快乐。

# 语言能力2：爱上英文阅读的七个绝招

对于中国父母来说，教孩子学会英文阅读是一个极富挑战的过程。无论是你的孩子刚上幼儿园还是已经上小学，让他在一开始的英语阅读中打下坚实的基础，对于孩子来说是非常有益的。但是英语并不是中国孩子的母语，所以作为父母，我们需要利用一些工具和策略来帮助孩子。一旦孩子在英语阅读的道路上走上正轨，未来他就会领略到英语这门语言的魅力。

对刚开始学习英语的孩子，家长们可以借鉴一下美国父母是怎样一步步引导孩子爱上阅读的。

## 第一步：养成定时读书给孩子听的习惯

美国很多父母在孩子还是婴儿的时候就开始教他们阅读了。这听上去是不是和传闻中美国的父母都是放养型的不相符？但是放养和从小培养阅读习惯并不矛盾。只有从小养成了良好的阅读习惯，孩子长大了才会自觉地阅读，也就不需要那么多虎妈虎爸了。在与新生儿的独处时光里，新生父母给孩子讲故事，这不仅是培养亲子关系的最佳方式之一，而且也会潜移默化地给孩子灌输热爱书籍的意识。美国很多父母其实是很拼的，脸书的创始人扎克伯格就是很好的例子。

那么每天要给孩子读多久的书呢？我觉得这完全取决于每个家庭的实际情况，但目标是至少每天 3~4 本图画书。当孩子可以坐更长时间的时候，可以养成每天至少阅读 15 分钟的习惯。

下面是我根据自己的经验给出的建议。

| | |
|---|---|
| 出生 1 年 | 摇篮曲，纸板书（配有图片），布书（配有多种质地），有声读物 |
| 出生 1~3 年 | 押韵的书，有声读物，纸板小故事书 |
| 出生 3~5 年 | 字母书，有声书，图画书，押韵的书 |

## 第二步：互动问题

其实在孩子学会阅读之前，他们就已经开始学习阅读理解了。家长在大声朗读故事给孩子听的时候，可以问他一些和书相关的人物或情节方面的问题。例如："你看到这只猫了吗？这只猫叫什么名字呢？"当然随着阅读水平的不断提高，提的问题也可以不断升级。

在这里要提醒家长的是，随着孩子年龄的增长，家长提的问题可以尽量是开放式的答案，这样可以帮助孩子养成思辨意识，增强逻辑思维能力。

素养决定孩子的格局：
斯坦福妈妈把美式教育带回国

## 第三步：让书籍随处可见

虽然我作为妈妈来说，不喜欢房间里到处都是书或者玩具，看起来乱糟糟的，但是至少让孩子在想看某一本书的时候容易拿到，这是我们家的原则。我的经验是最好把书和孩子的玩具放在一起，这样可以让孩子在玩玩具和游戏的同时很快切换到读书模式。

我个人不太喜欢那种放置整齐的高高的书架，因为那样会让孩子对书有一种距离感，不利于拉近孩子和书之间的距离。

## 第四步：做孩子最好的榜样

让孩子参与到你的阅读中来，让他们知道阅读是一件很有趣的事情，这一点非常重要。作为一个母亲，我身兼数职（母亲、妻子、保姆、老师、厨师、医生等），所以我看的书也是包罗万象。我除了看正儿八经的书之外，也会时常翻看时尚杂志、食谱、报纸和八卦新闻等。如果我正在读的书不是那么深奥，而且儿童适宜的话，通常我会告诉孩子我所阅读的内容，有时候我会给他指出我正在读哪一行、哪一段，让他帮我朗读出来。

## 第五步：最大限度地利用图书馆

图书馆实在是一个非常棒的地方。不仅不花钱，而且孩子在图书馆里可以潜移默化地被那种阅读的氛围所感染。

如果自己家里条件允许，可以先在家里建一个迷你图书馆，哪怕仅仅只是几十本书而已。每周前往公共图书馆和孩子一起借书、看书，是我家的必修课。当孩子逐渐长大，一本书在手，不仅可以让他学会集中精力，还有助于他将更多的知识和词汇融会贯通。

## 第六步：进行文字与声音的关联

在孩子开始学习字母和单词发音细节之前，要先帮助孩子认识到书本上的文字和你所朗读出来的声音是相关联的。当我儿子还很小，我大声给孩子朗读的时候，通常会同时用手指头给孩子指出正在朗读的是哪一个单词。这样做的好处是让孩子知道每一页上面的单词、行和朗读出来的声音的长度、节奏方面是相关联的。

## 第七步：不要用阅读卡片

美国曾经有一段时间也流行过阅读卡片（就是通常商家说的"闪卡"），但是现在越来越被诟病。阅读卡片的确可以让孩子认识更多的单词，但是却不利于培养孩子的阅读技巧。阅读闪卡只是教会孩子一个特定的词汇和图画之间的关系，并不是培养孩子阅读技巧的最有效方法。

每个孩子的语言发展速度是不同的，有的孩子在英文阅读能力方面会比其他孩子快一些，尤其是女孩。然而，最重要的是，我觉得作为父母应该对自己孩子的成熟度和阅读水平了然于胸，为他们选择合适的书籍，以帮助他们不断地提高阅读水平。作为父母，我们是孩子最重要的老师，也是引领他走向英语阅读殿堂的领路人。

## 最初级英文阅读推荐书单（仅供参考）

| 书名 | 出版信息 |
| --- | --- |
| 1. *Who Ate it?* | by Taro Gomi（Millbrook Press, 1991） |
| 2. *Big Long Animal Song* | by Mike Artell（Celebration Press, 1997） |
| 3. *My Puppy* | by Inez Greene（Celebration Press, 2000） |
| 4. *Mrs. Sato's Hens* | by Laura Min（Celebration Press, 1997） |
| 5. *The Fox on the Box* | by Barbara Gregorich（School Zone, 1984） |
| 6. *The Gum on the Drum* | by Barbara Gregorich, Joan Hoffman（School Zone, 1984） |
| 7. *Jog, Frog, Jog* | by Barbara Gregorich（School Zone, 1984） |
| 8. *I Want a Pet* | by Lauren Child（Frances Lincoln Children's Books, 2011） |
| 9. *Hop on Pop* | by Dr. Seuss（Random House, 1963） |
| 10. *Bob Books* | by Bobby Lynn Maslen（Scholastic, 1976） |

# 不能让孩子错过的英文绘本

让孩子从小学习英语，除了有必要掌握一些学习方法和技巧外，还有非常重要的就是让孩子从小阅读英文绘本，在这里我精心挑选了10本适合低年龄孩子的经典英文绘本，这些绘本一定能让孩子兴趣盎然，让孩子们在不知不觉中爱上阅读，轻轻松松学习英语！

## 韵律书，让孩子在韵律中学英语

对初学英语的孩子来说，韵律感强的绘本是他们的不二选择。有些书中的语句甚至是经典童谣，读起来朗朗上口，边唱边记，非常有助于孩子记忆英语单词，适合0～6岁的孩子阅读。

素养决定孩子的格局：
斯坦福妈妈把美式教育带回国

## 第一本：*Five little monkeys*（《五只猴子》系列）

这套书分为五本，分别为 *Five Little Monkeys Jumping on the bed*（《五只小猴子在床上蹦蹦跳》）、*Five Little Monkeys bake a birthday Cake*（《五只小猴子烤生日蛋糕》）、*Five Little Monkeys Sitting in a Tree*（《五只小猴子坐在树上面》）、*Five Little Monkeys with Nothing to Do*（《五只小猴子闲着没事做》）、*Five Little Monkeys wash the car*（《五只小猴子洗汽车》），是根据儿歌演绎的一组五只猴子的生活故事。经典的儿歌和画面色彩丰富的绘本相结合，孩子们不仅能够了解一些广为流传的故事，还能在有趣的阅读中学习英语。家长可以在孩子阅读的时候播放歌曲，视听结合，让孩子更容易接受并记忆相关知识。

第一章
具备全球化的优秀素养，孩子才能拥有大格局

## 第二本：Green Eggs and Ham（《绿鸡蛋和火腿》）

这本书的创作源于苏斯博士和一位朋友打赌用五十个单词写成一个故事，由此这本脍炙人口的书便应运而生。书中从孩子最熟悉的话题——要不要尝试新食物出发讲述故事。绿鸡蛋和火腿在一起还能做出怎样的美食？主人公Sam-I-Am像一个"推销员"，想尽了各种"烹饪手段"说服那个满腹狐疑的"老家伙"，尝一尝它的绿鸡蛋和火腿。故事情节曲折矛盾，一个拼命劝，一个玩命躲。从天真烂漫的Sam-I-Am身上，孩子们会学到执着、创造和幽默；那个耷拉着耳朵，戴着高帽子，愁眉苦脸的大人会教孩子们学会信任和尝试的勇气，以及透过表面看清本质的能力！

这本书的语言是节奏感很强的韵文，朗朗上口，书中仅用了50个单词，而这仅有的50个单词，却可以让孩子们学会28个元音字母。文中句子结构大量重复，孩子一旦记住了第一句，后边的句子就很容易读出来，让孩子颇有成就感，易于记忆。

我儿子第一次看到这本书是在一个理发店的等候区。我大概花了15分钟给他读了三遍之后，他回到家居然能够顺口说出里面的一些对话，我想这和这本书的节奏感和押韵是分不开的。

素养决定孩子的格局：
斯坦福妈妈把美式教育带回国

### 第三本：The Wheels on the Bus（《汽车在奔跑》）

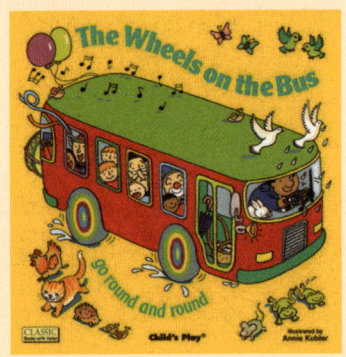

这本书也是由经典的英文儿歌改编而来的。书中将公交车上和城镇上的热闹景象都展现出来了，车上的轮子转啊转，车上的人们上上下下，绕着城市来来回回，一天的热闹生活又开始了。孩子们可以从这本书中认识到很基本的交通工具的英语词汇，在活泼的儿歌和色彩丰富的绘本中，快乐地学习英语。

我儿子最早接触这本书是源自他们幼儿园老师教唱这本书里的儿歌。有一段时间他回到家小嘴巴里总是叽里咕噜地哼唱着这首儿歌。后来在书店看到，我就买了回来，到现在他还时常拿出来翻看哼唱。

### 第四本：Fox in Socks（《穿袜子的狐狸》）

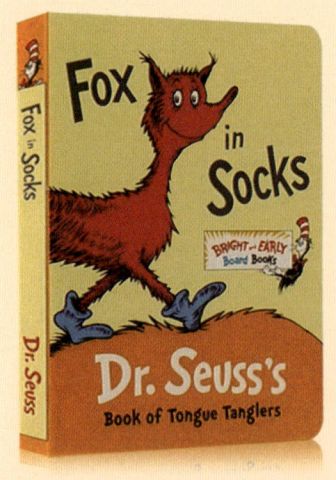

这是一本能锻炼孩子口语能力的书。书中这只穿着袜子的狐狸喜欢和他的朋友诺克斯先生玩绕口令游戏，一直做到诺克斯舌头抽筋，到底是什么样的游戏能让诺克斯先生舌头抽筋呢？当小朋友们读完这些滑稽的故事后才发现，其实不光诺克斯的舌头抽筋了，小朋友们

> 第一章
> 具备全球化的优秀素养，孩子才能拥有大格局

的舌头也快抽筋了。苏斯博士在这本书中同样运用了极富韵律的语言，将故事变成了绕口令，让孩子深陷于滑稽的故事中，同时又不知不觉地锻炼了小朋友说话的能力。

## 屹立不朽的经典，戳中童心的那些书

除了韵律极其工整的绘本，戳中孩子心灵的那些经典的绘本也是深受孩子欢迎的。这些经典之作通过一些有趣的故事，发散了孩子的想象力，让孩子内心的童趣、纯真和善良都在这些故事中得到共鸣。

### 第五本：The Very Hungry Caterpillar（《饥饿的毛毛虫》）

30多年来，这条从卡尔老爷爷手里爬出来的红脑壳、绿身子、高高地弓起来走路的毛毛虫，畅通无阻地爬进了世界上2000多万个孩子的心里。这是一本具有丰富想象力的书，书中讲述了一条毛毛虫从出生到破茧为蝶不断成长的故事。故事情节很简单，书中使用的色彩很鲜明，毛毛虫的古怪形象深受孩子喜爱，可谓是经典中的经典。

素养决定孩子的格局：
斯坦福妈妈把美式教育带回国

### 第六本：No，David（《大卫，不可以》）

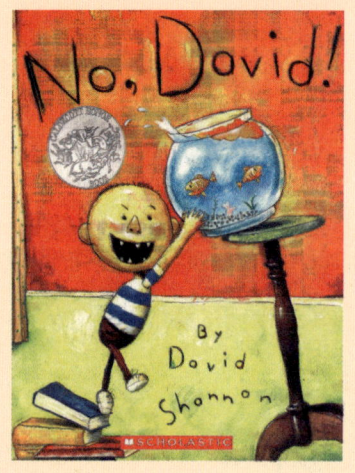

大卫是个调皮捣蛋的小男孩，他会站在椅子上颤颤巍巍去够橱柜最上面的糖罐；会带着一身污泥回家，在客厅的地毯上留下一串黑脚印；会在浴缸里大闹，水流成河……每一幅页面里都有妈妈说的话："大卫，不可以！"但是，大卫也是个善良纯真的男孩。在书的最后，大卫在屋子里打棒球，把花瓶打破了，这下他可闯下大祸了！大卫被罚坐在墙角的小圆凳上，他流下了伤心的眼泪。于是，妈妈给了他一个温暖的拥抱，对他说："大卫乖，我爱你。"大卫所有的恶作剧都被母亲的爱包容了。不管孩子有多调皮，可是当他伤心的时候，母亲的怀抱永远是他温情的港湾。

### 第七本：Harold and Purple Crayon（《阿罗有支彩色笔》）

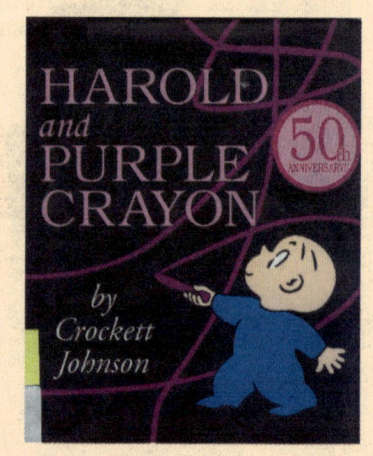

阿罗系列作品是风靡全球四十年的经典之作，里面那个拿根紫色彩笔，在自己天马行空的想象中不断进行探险的小屁孩阿罗被

第一章
具备全球化的优秀素养，孩子才能拥有大格局

称为"世界上最富想象力的小男孩"。作者用孩子的逻辑和语言，真切地描画出孩子天马行空的世界。书中的阿罗头脑里充满奇异幻想，他用简单的线条和以紫色为主色调的彩色画面带领读者走入他的奇异世界。这本书有利于开拓孩子的想象力、创造力，健全他们内心的情感世界。

**第八本：An Elephant and Piggie Book 系列（《小象和小猪》）**

An Elephant and Piggie Book 是一套幽默、经典的英文系列绘本。凯迪克金奖作品，美国亚马逊全五星好评，有力地证明了这套书的地位。这套书以幽默和风趣的故事情节见长，单词简单、漫画生动，用孩子最简单的日常为例，比如要不要分享我的雪糕？怎样与好朋友相处？以及许多天马行空的故事情节。书中重复而简单的句子，极具幽默的内容是小孩子学习英语的最好方法！

**第九本：Don't let the pigeon drive the bus！（《别让鸽子开巴士》）**

呆萌的鸽子，非常可爱的幽默故事，大人看了都会大笑不止。一开始司机师傅就说："我要离开一会儿，你能不能帮我看好那辆巴士？"可是鸽子

83

**素养决定孩子的格局：**
斯坦福妈妈把美式教育带回国

使尽浑身解数：苦苦哀求、撒个小谎、拍马屁、套近乎、耍赖……千方百计想坐上驾驶座，你会同意让鸽子开巴士吗？这本书让读者参与故事的想法很有创意，呆萌的小鸽子讨价还价乃至耍无赖的种种表情画得很传神，特别讨人喜爱。

这本书把孩子代入故事中，作为和鸽子对比的主角，调动了孩子的主动性。句型简单，情节幽默，老少皆宜！同样适合4~6岁能读懂故事情节的孩子阅读。

### 第十本：little blue and little yellow（《小蓝和小黄》）

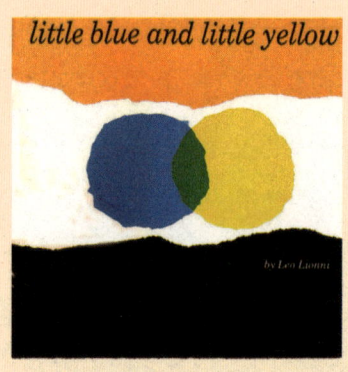

著名绘本大师李欧·李奥尼的经典作品。整本书都是由作者用手撕出来的彩纸粘贴而成，画面和语言都十分简单，但全书的侧重点在思想内涵的表达上。故事简单却抽象，表面看来，故事讲的是原来两种不一样的颜色可以变出第三个，但其实是让孩子悟出自己和他人的不同，并帮助孩子培养独立意识。

另外，作者将色彩知识巧妙地融入孩子日常的生活体验中，极大地发挥了孩子的想象力，是给孩子挑英语启蒙书的首选！

第一章
具备全球化的优秀素养，孩子才能拥有大格局

## 名家之作，看一看这些书后面的老顽童

这些著名的经典之作，很多都出自同一个作者之手，而且大部分作者都年事已高，在经历了人生百态后，他们怀着一颗童心，描绘出内心世界的美好，也给孩子们展现了许多奇妙的充满爱和善意的世界。

### 苏斯博士（Dr.Suess）

在美国，如果你问最受儿童欢迎的作者是谁，不论书店或图书馆人员都会告诉你是苏斯博士。他一生创作了 48 本精彩绘本，全球销量逾 2.5 亿册，曾获得美国图画书最高荣誉凯迪克大奖和普利策特殊贡献奖，两次获得奥斯卡金像奖和艾美奖，其作品被美国教育部指定为重要阅读辅导读物。

他创作的绘本人物形象鲜明，个性突出，情节夸张荒诞，语言简单易懂、妙趣横生，是半个多世纪以来孩子们的至爱。书中丰富的想象力、引人入胜的情节和风趣幽默、充满创造力的绘画及语言远远高于过去进阶型读物，这些故事可以让孩子们从兴趣出发轻松地学习英语。从简单的字母，到短语、句子，再到一个个故事，苏斯博士的图画书更是一套让孩子们循序渐进掌握英语的优秀读物。其中 *Dr. Seuss's ABC: An Amazing Alphabet Book!*（《苏斯博士的 ABC》）就是一本字母书。它从英文的 26 个字母入手，将字母和单词配合起来讲解。同时，这些单词又组成了一句句韵味十足的句子，不断重复加深孩子对字母的记忆和理解。*One Fish, Two Fish, Red Fish, Blue Fish*（《一条鱼，两条鱼，红色的鱼，蓝色的鱼》）和 *Hop on Pop*（《在爸爸身上蹦来

跳去》）也是采取类似的方式进行单词和句子的讲解。*Fox in Socks*（《穿靴子的狐狸》）里面则充满了幽默风趣的绕口令，对孩子来说是一个充满快乐的挑战。

## 艾瑞·卡尔（Eric Carle）

儿童绘本大师都富有一颗童心，而他们看上去总是那么慈祥。艾瑞·卡尔就是这样一位和蔼、慈祥的绘本专家，国际儿童文学大师。他创作了70余本作品，著名代表作有《饥饿的毛毛虫》（*The Very Hungry Caterpillar*）、《棕色的熊，棕色的熊，你在看什么？》（*Brown Bear, Brown Bear, What Do You See?*）、《爸爸，请为我摘月亮》（*Papa, Please Get The Moon For Me*）等。他的画风鲜明独特，多采用拼贴的方式，层叠出明亮欢乐的图样，书中许多处带有特殊的立体、折页设计，赋予书本阅读和游戏的双重特性。他曾荣获《纽约时报》年度最佳童书、意大利波隆那书展设计大奖等70余次国际性大奖。他的个人图画书美术馆，更是美国第一个图画书美术馆。

## 莫·威廉斯（Mo Willems）

莫·威廉斯，是美国著名的儿童图画书作家，创作了5套系列的英文绘本及数十本经典绘本，获得凯迪克金奖和其他荣誉大奖。代表作有鸽子系列，如《别让鸽子开巴士！》、"大象和小猪"系列、"小兔古纳什"系列，都被列入百本必读英文绘本。他的作品最大的特点就是用简单幽默的故事情节教会孩子生活中的道理，而且书中所用句型简单，大量的重复也更有利于孩子学习英语。

　　书籍是人类智慧的阶梯！要想从小培养孩子阅读的好习惯，就要从趣味性着手，激发孩子阅读的兴趣，才能让他们渴望主动去探索这个未知的世界。

第二章

# 学习为人父母，
# 当好孩子的引路人

美国的教育把孩子当成和父母一样独立的人来看待。这个观念说起来容易，其实做起来很难。怎么把孩子当作一个独立的个体，家长怎么平等地和孩子去沟通？做父母的首先要愿意倾听孩子的想法。

**素养决定孩子的格局：**
斯坦福妈妈把美式教育带回国

# 每个孩子都是一个独立的个体

在中国和美国的教育差异当中，我觉得中美父母教育观念最大的一点不同就在于，美国的家长把孩子当成一个完全独立的个体，而不是当成父母的附属物。此话怎讲呢？从美国的法律来讲，在美国孩子一生下来就是一个完全独立的个体，父母是他的监护人，但这个孩子并不属于父母，而是属于美国这个国家。

在中国，家长有个观念："我生你养你，你是我的孩子""我生你养你，我是你的衣食父母"。从这个观念来说，中国家长觉得孩子是父母的附属物，所以家长从这个角度出发，很多时候会去为孩子做很多的决定。当然，有些决定是对的，有些决定则不一定正确。虽然家长的生活阅历比孩子更丰富，但是时代在变化，而且每个孩子都有自己的想法，所以往往很多时候父母替孩子做决定未必是正确的。

美国的教育把孩子当成和父母一样独立的人来看待。这个观念说起来容易，其实做起来很难。怎么把孩子当作一个独立的个体，家长怎么平等地和孩子去沟通？做父母的首先要愿意倾听孩子的想法，孩子的想法有时候是天

## 第二章
学习为人父母，当好孩子的引路人

马行空的，但是家长要尊重他们的想法、意见，不把自己的思想强加给孩子。我自己从第一个孩子出生到现在，我一直坚持在做并且自认为做得很好的一点，就是蹲下来和我的孩子说话。我的孩子还在 1 岁的时候，他当时还不会走路，我总是把他抱到一个高一点的沙发或者桌子上，让他的眼睛跟我的眼睛平视。因为眼睛是心灵的窗户，虽然孩子才 1 岁，他也许不能完全听懂父母在说什么，但是如果当孩子的眼睛跟家长的眼睛有交流的时候，其实孩子是非常敏感的，他能够从父母的眼睛里读到很多信息，这种信息可能是传达父母生气了，或者是父母严肃的，或者慈爱的，或者是关心的眼神。尊重孩子是非常重要的，但对于中国家长来说，可能也是最难的一点。

我们国内的家长通常是高高在上的，比如，总是站着对个头尚小的孩子说"你应该怎么样怎么样，你要做什么什么"。但在美国，我看见很多的家长，都是蹲下来跟孩子说话，眼睛始终与孩子保持平视，这样做的好处在于让孩子觉得跟父母是平等的交流。在平等交流的状态下，家长不会对孩子产生一种威胁感，孩子这个时候才会真正愿意和家长沟通很多的想法。

中国的家长最常挂在嘴边的一句话就是："你要做什么什么，听我的，我是你的父母，我是为你好。"但其实，孩子有孩子的人生，父母的意见未必是最好的。我记得曾经去一个美国朋友苏珊娜家里，那时候我孩子还很小，她的孩子大约 3 岁。那天晚上孩子睡觉之前，她妈妈来到孩子的房间，帮她把第二天要准备穿的衣服找出来。当时我跟她们一起在房间里，小女孩一直在跟她妈妈说明天要穿什么衣服。我发现，我的朋友苏珊娜特别愿意去倾听孩子的想法。我印象很深的是，当时这个小女孩搭配的衣服其实在我们大人

**素养决定孩子的格局：**
斯坦福妈妈把美式教育带回国

看来是很不搭调的，比如红的配绿的，看起来花里胡哨的。她跟她妈妈讲，她想穿这件配这件……她觉得这件穿起来会是怎么怎么样的。然后她妈妈就说："我建议你穿这件衣服配那条裤子，还有那条裙子，但是你自己穿什么衣服是你自己的事情，我可以给你搭配的建议。"这一点给我留下的印象特别深刻，我觉得我这个朋友不是对孩子说你要穿什么，明天就穿这套衣服就行了，而是很有耐心地跟她的女儿一起去搭配这些衣服，尽管在我们大人眼里，孩子搭配的衣服看着是奇装异服的时候，她也仍然尊重孩子的选择，让孩子自己去搭配。后来我发现那个小女孩穿着她自己搭配的衣服特别高兴，因为她觉得这是她自己的事情，她自己在做主。像这种很小的事情，比如孩子第二天到底穿什么上学，我觉得这个真的不重要，重要的是家长愿意把孩子当作一个平等的人去对待，当成一个跟自己一样独立的人去对待，这样的话，这个孩子就会特别有独立性，这一点特别好。

中国和美国的教育差异，还有一点特别大的就是，在美国大人特别尊重孩子的差异性。其实承认孩子和孩子之间的差异真的很难，中国的孩子因为国内的教育或者高考的指挥棒，就像是流水线上生产出来的，每个都特别像。以前我记得曾经看到过这样的采访，问中国孩子"你最喜欢干什么？""你的爱好是什么？""你对什么感兴趣？"这样的话题，中国孩子的回答都是千篇一律，有的说爱学习，有的说想成为科学家，等等，往往说法很一致，表现得都很乖巧，每个都中规中矩的。但是在美国如果用同样的问题问美国的孩子："你的爱好是什么？你未来想做什么？"孩子会有各种各样的奇思妙想，有的孩子甚至说想当农民。我记得我儿子曾经有一阵子特别想当农民。

## 第二章
### 学习为人父母，当好孩子的引路人

因为在课堂上，老师会让他们拿向日葵种子来种向日葵，播种后他们就要照料向日葵，等到它长成一棵向日葵以后，发现会结出很多向日葵籽，我儿子觉得特别神奇，他发现原来一颗种子可以变出那么多的种子，所以觉得当农民特别有成就感。很多孩子会有各种各样的想法和兴趣，你从来没有想到过的职业，或者一些事情，美国的孩子可能就会说他对这个感兴趣，他们有很多自己的爱好。

每个孩子都是有差异性的，作为父母，我们都希望自己的孩子好，但是毕竟人无完人，所以不要去比较孩子，这一点其实也是在美国教育当中非常重要的一点。就拿我的两个孩子来说，他们相差6岁，他们的性格特别的不同。我的老大属于比较保守的那种，不习惯勇敢去接受挑战，所以他的性格比较温和，而我的老二比较喜欢挑战和冒险。孩子和孩子之间真的有很大的差异性，我们作为父母，首先得承认这种差异性，其次要根据孩子的特性去引导他。这并不是说让我们的孩子成为天才，或者说未来一定要做什么，而是让孩子去做他自己想做的事情。其实中国人在很早以前就知道要因材施教，但是现在要真正做到因材施教特别难，因为孩子需要统一参加高考，有了高考这根指挥棒，要做到因材施教就更难，所以在这样的情况下，家长根据孩子的特性去引导他就显得弥足珍贵。作为家长，尽量不要为孩子主动设计一些计划，让他学钢琴，让他学这学那，而是应该去发掘孩子的兴趣。

在美国，家长们通常的做法是，在孩子很小的时候，比如说上小学以后，妈妈会带着孩子上各种不同的兴趣班，每一样东西都让孩子去尝试，有些课程孩子可能上了一两节课以后，就不感兴趣了，而有些课程孩子可能上了以

**素养决定孩子的格局：**
斯坦福妈妈把美式教育带回国

后会发现自己原来对这个感兴趣。美国家长这样的做法其实就是去引导孩子，或者去发掘孩子的兴趣。相反，中国家长容易受周围人的影响而去比较，而且一比较就会产生焦虑。中国的家长很多时候挂在嘴边的话是："你看谁谁，隔壁家的孩子都在学钢琴，我们家孩子没学怎么办呀？"或者"谁都已经会做很难的奥数题了，我们家孩子数学还不怎么样。"看到别人家孩子都在弹钢琴，就认为自己家孩子也得弹，别人家孩子都在上奥数，自己家孩子也得上奥数。其实每个孩子都是独特的，都有自己的长处或者兴趣，做父母的不要拿孩子和孩子去比较，而要善于发现他的兴趣和长处，并加以引导，这一点非常重要。

在美国生活这么多年，我觉得美国和中国的教育理念最明显的差异有两点：第一点就是我刚才提到的，在美国大人真的是把孩子当成一个独立的个体，而不是父母的附属物，去跟他交流、沟通。第二点是尊重孩子的差异性，美国的家庭在这一点上做得非常好。尊重孩子的差异性，不把自己的孩子和别的孩子比较，避免过度焦虑，我觉得在这样的环境下长大的孩子，他的内心才会是非常健全的。因为父母的焦虑会传递给孩子，孩子也会变得很焦虑。在焦虑中长大的孩子，其实内心是缺乏安全感的。

要想让自己的孩子成为一个内心很强大的人，父母从小要尊重他们，承认他们的差异性，比如有一些孩子在数学方面可能不是特别突出，但是他可能在美术或者音乐方面比较突出，真的没有必要去比较。在孩子的成长过程中，如果家长能做到这两点我觉得就非常好了。

## 放手让孩子独立，轻轻松松带三娃

国内二胎政策完全放开后，朋友们见面的问候语都改成了："你还生老二吗？"有些朋友趁热打铁，追生了老二，而有的则感慨："心有余而力不足啊！养一个都管不过来，哪里还有精力生老二啊？"

我也是一个两娃妈，在当了两娃妈之后，我才越来越觉得，生孩子不难，养孩子却不易，要养好两个孩子可真是难上加难了。我身边也有不少朋友问我，生了老二以后有什么变化？我只能回答他们："累并快乐着。"

美国没有计划生育政策，身边很多美国朋友大多都有两个甚至三个孩子。我的好朋友苏珊就是一个三个孩子的妈妈。我曾经在生了二宝以后向她感叹，两娃已经让我精疲力竭了，你怎么还有勇气生老三啊？她半开玩笑地对我说："生三个才是为人类的人口正增长做出贡献啊……"我一边打趣她太有"人类使命感"，另一方面又不得不佩服她在没有老人帮忙的情况下，能够把三个孩子都养育得那么好。苏珊不仅是三个孩子的妈妈，还有一份全职工作，先生是律师，工作也非常忙碌。但是每次看到她和她的孩子们的时候，我不禁感叹，她真是个超人妈妈！她的"超能量"不仅来自她有一套科学的育儿方法，更来自于她可以适当借助"外力"来让自己的生活井然有序。

和苏珊认识很多年了，我常常邀请她和她的三个孩子到家里做客。三个孩子都很有礼貌，进门会自己把鞋子脱掉放在门口，并且会向大人问好。在想玩我儿子的玩具的时候，会先征求我儿子或是我的同意："请问我可以玩这个玩具吗？"当我拿出好吃的给他们，他们会很有礼貌地说"谢谢"。而且最让我吃惊的是每次在快要离开之前，三个孩子都会非常自觉地把玩过的所有玩具都整理好，物归原处。

我很好奇，是什么神奇的方法让苏珊能够轻松搞定三娃呢？

## 培养孩子的独立性

苏珊最小的孩子汤姆第一次到我们家时还不到 2 岁，苏珊说他最近在学着自己穿鞋子。看着他有点笨拙的动作，我几次都想上前去帮忙，这也就是顺手的事儿。但是都被苏珊制止了，"他可以的，让他自己来。"当然，苏珊不是完全在旁边袖手旁观，而是在一旁鼓励孩子："不要着急，妈妈教过你的，先分清楚哪一只是左脚、哪一只是右脚，一步一步来，相信你可以自己穿上鞋子。昨天在米歇尔阿姨家你不是也是自己穿的鞋子吗？"在尝试了三次之后，小汤姆终于自己把鞋子穿好了，脸上露出了胜利的笑容。于是苏珊高高地举起右手"Yeah, you did it, give me five"（你看你做到了啊，我们来击个掌吧）。

美国家庭非常重视从小培养孩子的独立性。孩子在很小的时候就需要自己准备第二天要穿的校服,起床后自己收拾好自己的床铺,收拾好自己的玩具。正是这样,两个孩子也好,三个孩子也罢,孩子自己完成力所能及的家务劳动,自然而然就为妈妈节约了很多时间。

## 孩子的问题孩子自己解决

苏珊的三个孩子来我们家,常常会同时对一个玩具感兴趣。孩子之间也会有一些争执,但是苏珊从来不充当调解员的角色,每次都很淡定自如地继续和我聊天。孩子们似乎也不会来找妈妈告状,而是遇到事情统统自己解决。我很好奇地问苏珊,你是怎么做到的?她只是淡淡地说:"孩子之间的事情,让孩子自己解决。"

我细心观察苏珊的三个孩子,通常大姐莉莉会是那个制定规则的人。比如三个孩子都要看 Ipad(平板电脑),但是 Ipad 只有一个。于是莉莉提出来,每人看 15 分钟,然后轮流。老二迈克尔提出意见,15 分钟太长了,每人 5 分钟,于是三个孩子最后协商出来的结果是每人 10 分钟。三个孩子在拿到 Ipad 之后,会自觉地调好倒计时闹钟,时间一到,立即拿给下一个人。

美国教育非常强调"分享和轮流",在学校如果两个孩子对同一个玩具感兴趣,老师也会强调轮流玩。不会出现一个玩具一直被某一个孩子霸占的情况。养成了这种"轮流坐庄"的好习惯,就算家里有再多的孩子,他们也会自然、公平地分配自己的时间和玩具,这样就不需要妈妈插手操心因为分配不均而产生的家庭矛盾了。

素养决定孩子的格局：
斯坦福妈妈把美式教育带回国

## 父亲角色的参与

苏珊有时会在周日约我一起喝个下午茶或是逛街。我会很吃惊地问她，那你的三个孩子谁照看啊？她会觉得我大惊小怪，她说有杰克啊（苏珊的先生，三个孩子的爸爸）。我说："杰克可是大律师啊，那么忙，周日有时间照顾三个孩子吗？"苏珊只是淡淡地说："他是孩子们的父亲，无论再忙，父亲的角色是任何工作都不能取代的。"所以通常他们家周末两天，周六她照顾孩子们，周日则是父子日，苏珊的先生杰克可以带孩子们去任何他们想去的地方。

我们有时逛街一时兴起会多聊一会儿，我总是担心地问她："杰克搞得定三个孩子吗？你需要提前回家去看看吗？" 苏珊总是坚定地对我说："我不要插手，我需要有我自己的时间和空间。"有一次周六苏珊很兴奋地给我打电话："今天我们一起吃晚饭吧，杰克要带孩子们去露营。"我说："哇，露营？他自己带三个孩子吗？我简直不敢相信，他可以搞得定吗？"苏珊说，这是他的朋友们组织的一次只有父亲和孩子参与的露营活动，所以，妈妈们可以好好地享受一晚上难得的独处时光。

后来我问杰克，"听说你自己带三个孩子露营去了，真厉害！没发生什么状况吧？"杰克一脸骄傲地说"其实我一开始也有点打退堂鼓，因为我从来没有一个人带三个娃去外面露营的经历。但是我后来发现，这简直妙极了！孩子们虽然一开始有点想妈妈，但是在我们四个人独处的时候，他们原来如此的需要我。我们三个人挤在一个帐篷里，我给他们讲故事，这种体验简直美妙极了！"

这不禁让我想起了国内曾经有一段时间很火的亲子节目《爸爸去哪儿》。做妈妈的，总是担心爸爸不能照顾好孩子，但是其实爸爸的潜力是无穷的。让父亲更多地参与孩子的成长，不仅可以让妈妈有属于自己的时间和空间，对父亲和孩子建立更好的亲子关系也是非常有益处的。

## 抓大放小，美国父母养孩子真的很粗放

我常常在我的脸书（脸谱）上看到苏珊发的一些孩子们的照片，发现她会让孩子随意坐在地上玩耍，即使在地上打滚都没事，衣服上经常弄得脏兮兮的。我想大多数妈妈看到这样的照片，内心是崩溃的吧。是的，美国人带孩子真的很粗放！在国内的时候，在我家小区里经常听到这样的对话："哎哟，地上很脏啊，不要坐在地上。""地上很凉啊，你这样会感冒的。"

在美国，孩子常常光着脚丫子到处走，甚至整个人都在泥浆里打滚。苏珊曾经发给我一张她的孩子在玩泥浆的照片，老实说，我看到这张照片的第一反应是"这太夸张了吧，回去怎么洗啊"。但是苏珊很兴奋地和我说，孩子们玩得真是太开心了。

仔细观察，其实苏珊并不是完全没有原则地让孩子们瞎玩。她曾经对我说："养孩子嘛，一定要抓大放小。原则性的问题一定要坚持，比如安全问题，在停车场里绝对不能疯跑，绝对不能接受陌生人的食物，等等。但是在没有原则性和安全问题的前提下，孩子就该释放出他们的天性。脏一点、饿一点

都没有关系，就让他们随心所欲地玩耍吧。"

国内人人都在讨论"二胎"放开的今天，每个家庭的财力、物力、人力、精力都各不相同，生不生二胎应该是一个家庭夫妻双方共同的决定。但是，无论生几个孩子，培养孩子的独立性，养成良好的分享习惯，让父亲更多地参与家庭教育，该放手的时候学会放手，无论对于母亲、对于孩子，还是整个家庭，都是非常有益处的。

# 做一个善于向孩子求助的妈妈

有一阵子我妈妈生病了,医院、家里两边跑,工作、孩子两头忙,我感觉自己都快累得虚脱了。因为事情来得突然,一直没有找机会和我儿子详细地谈这件事情。儿子只知道外婆生病了,妈妈变得比原来更忙碌了。

有一天早上,我7岁的儿子突然对我说:"妈妈,我想找你聊聊!"我很吃惊,一时没反应过来,他究竟想找我聊什么。"妈妈,我知道外婆最近病了,我也放假了,我想我可以帮你做点什么。"他说这话的时候,一脸真诚和笃定,但是仍然掩饰不了满脸的孩子气。我佯装镇定,其实内心无比感动。我突然意识到,最近的确没有把整件事情好好地和儿子谈谈。我揽他进怀,把整件事情的来龙去脉都一五一十地和儿子聊开了。

从儿子很小的时候开始,我和儿子之间就养成了平等聊天的习惯。家里的事情也会统统和他讲开,虽然有时候有的事情比较复杂,孩子一时间不一定完全能理解,但是平等对话的习惯一直是我们家的风格。

我一直是一个善于向孩子"求助"的妈妈,家里的困难也会让孩子知道。因为我一直认为孩子其实比我们想象的更加坚强!每次带两个孩子去医院看

**素养决定孩子的格局：**
斯坦福妈妈把美式教育带回国

我妈妈，都要经过一个很长的地下通道（国内的地下通道对残疾人或者单独带孩子上街的父母来说简直太不方便了）。我一手抱着不会走路的老二，一手拿着小推车要上下那么多级台阶简直是不可能完成的任务。所以每当这个时候，大儿子总会非常自觉地充当我的小助手。看着他艰难地帮我从台阶上缓慢地搬运比他的体重轻不了多少的婴儿推车，我都感觉既心疼又骄傲！大儿子有时还会主动和我比赛，看是我抱着弟弟走得快还是他搬运婴儿车走得快！我们就这样嘻嘻哈哈地一趟趟往返于医院和家。

中国的父母很多时候总是把压力和困难都往自己身上扛，却把孩子庇护在自己的羽翼下面。殊不知这样做，不仅不能帮助孩子成长，反而会让孩子成为"温室里的花朵"。

俗话说"穷人的孩子早当家"。虽然现在孩子们的物质生活越来越好，但是每个家庭总会在这样、那样的时候遇到一些麻烦或是困难。告诉孩子真相，把孩子真正作为家庭的一分子，和他一起出谋划策，一家人齐心协力地去努力解决问题，你会发现孩子其实比我们想象的更加坚强、乐观！

"不要害怕告诉孩子真相，让孩子在生活的困难中学会坚强！"这是我的朋友阿曼达几年前曾经跟我说的话。那时正好遇到全球金融危机，美国的许多公司在一夜之间倒闭了，很多人一下子丢了工作。这其中也包括我的朋友阿曼达的先生汤姆。家里少了一份收入，经济变得非常拮据。

他们的儿子大卫当时在上小学三年级，从小很喜欢下国际象棋，所以一直都请私人老师上课。家庭经济变得拮据以后，为了大卫能够继续上国际象棋课和应付家里的其他开销，汤姆和阿曼达不得不去打一些零工来添补家用，

第二章
学习为人父母，当好孩子的引路人

常常需要早出晚归。

阿曼达告诉我，有一天大卫小心翼翼地问她，"妈妈，家里是不是发生什么事情了？我觉得你和爸爸最近很累，脾气也没以前那么好了，你们怎么了？"

她决定告诉孩子真相。大卫听完后默默地走回自己的房间，关上房门。阿曼达说她担心了一晚上，不知道第二天该怎么面对孩子。可是让她万万没想到的是，第二天早上，大卫郑重其事地告诉她："妈妈，我已经长大了，我觉得我有责任分担家里的困难。因为你说过，我们是一家人，要永远在一起。所以我想把我的国际象棋课暂时取消了。我已经想好了，其实有很多网络在线课程我可以上的，这样的话，你们就不必再给我交钱找老师了。我保证我还是会很努力的……"

我仍然清楚地记得阿曼达跟我说这段话的时候，眼睛里分明闪着泪花。后来的事实证明，大卫的棋艺非但没有落后，还有不小的进步，她的先生汤姆也很快找到了工作。

中国的父母总是默默承受所有压力，却把孩子保护得太好了。其实在孩子面前我们没有必要伪装坚强，告诉他们家庭的困难、生活的艰难，让他们真正参与到家庭的计划中去，你会发现，孩子远比我们想象的更加坚强！

# 一个美国妈妈的家规

中国自古很多家庭都有家规,大多数是一些"遵纪守法、尊老爱幼、互助互爱"的条条款款,比如下面这个家规。

**中国的常见家规**

1. 跌倒了,只要摔得不是很重,就要自己爬起来。
2. 自己的事情自己做,尽量不要依靠爸爸妈妈帮助。
3. 能动手了,就要自己吃饭,按时吃,过后不补,不得偏食。
4. 必须按时睡觉,不得哭闹。
5. 好吃的、好玩的东西,要与大家分享。
6. 不许打人、骂人。
7. 要爱护自己的玩具和相关物品。
8. 借小朋友的玩具要及时归还。
9. 有什么要求好好讲,不得无理取闹。

10. 要爱护花草和小动物。

11. 要知道长幼尊卑，尊老爱幼。

美国普通家庭也有家规，跟中国家庭的家规相比较而言，美国的家规显得更具体，并且不是那么的"循规蹈矩"。

**美国总统奥巴马曾经对外公布过他给两个女儿制定的家规**

1. 不能无理地抱怨、争吵或者惹人讨厌地取笑。

2. 一定要铺床，不能只是看上去整洁而已。

3. 自己的事情自己做，比如自己冲麦片或倒牛奶，自己设置闹钟，自己起床并穿衣服。

4. 保持玩具房的干净。

5. 帮父母分担家务，每周一美元。

6. 每逢生日或是圣诞节，没有豪华的礼物和华丽的聚会。

7. 每晚8点30分准时熄灯。

8. 安排充实的课余生活：玛丽亚跳舞、排戏、弹钢琴、打网球、打橄榄球，萨沙练体操、弹钢琴、打网球、跳踢踏舞。

9. 不准追星。

下面是我的一个美国朋友家里制定的家规，我们可以从中了解中美家长对孩子行为规范的相似与不同之处。

**1．必须对见到的人先打招呼，受到别人任何恩惠和帮助必须口头或者书面表示感谢，做了给别人添麻烦的事情一定要当场道歉。**

这一条是最基本的礼仪教育。在美国大街上，两个素不相识的人也会亲切地打个招呼。我记得我刚到美国的时候，经常会有迎面走过来的人冲我友善地"Hi"一声，一开始很不习惯，不过慢慢地，我自己也养成了跟陌生人打招呼的习惯。特别是在早上，一句来自陌生人的"早上好"，常常让人一整天都如沐春风。我的很多到美国旅游的朋友也常常跟我讲，美国人特别热情，我想这个和美国家庭的礼仪教育是密不可分的。

**2．公共场合（除可以放开玩儿的地方以外）说话音量控制在不让第三个人听到。**

这一条是公共场合的行为规范。有教养的美国人说话总是轻言细语的，尤其在餐馆里，就算邻座儿，也很难听清别人的对话，高声喧哗更是一种粗鲁的行为。美国的孩子从小被要求在公共场合要尊重别人，不能高声喧哗，这也是从小需要养成的好习惯。

**3．不愿意告诉爸爸的事情，你可以只告诉妈妈；不愿意告诉妈妈的事情，你可以只告诉爸爸。但是不能对两者都不说。**

美国家庭非常尊重孩子的隐私。孩子并非所有事情都必须让家长知道，孩子和父亲或是母亲之间也可以分别有秘密，而父母之间是不能"串供"的。

**4．不许撒谎骗人，否则你会失去朋友和家人最宝贵的信任，让你后悔一生。**

和中国家庭一样，诚实是每个孩子都需要学会并且做到的事情。

5．如果不能避免打架，不许用工具和牙，也不许戳眼睛、耳朵，除此以外可以狠狠地打，而妈妈则希望你能打赢。

美国妈妈一般遵从"孩子的事情由孩子自己解决"的原则。孩子之间难免会发生矛盾冲突，孩子之间打架也在所难免，在不伤害彼此身体的前提下，妈妈鼓励他们自己去解决问题。

6．掉在地上的硬币可以捡起来拿回家积攒起来，但是别人的钱包却不能据为己有。

美国孩子也从小培养"拾金不昧"的行为规范，这一点和中国教育有"异曲同工之妙"。

7．别人真诚款待你吃东西，如果你不喜欢的话可以说"我吃饱了"，但是绝对不能说"很难吃"。

这一项家规我还是挺欣赏的，虽然说"童言无忌"，但是如果能够照顾到别人的感受，这样的孩子长大了情商一定不会太差。

8．任何食物和东西都是有生命的，绝对不能想吃就吃，想扔就扔。

美国教育也要求从小培养孩子"爱惜粮食""勤俭持家"的好习惯。

9．必要时要遵从集体和权威的意见，但是内心一定要保持自己的想法。

这一点上美国教育和中国教育有很大的不同。中国教育多强调"权威"的作用，老师说的话总是对的。但在美国教育里，更强调"挑战权威"，保持自己独特的想法。我想这也是美国孩子更富有创造力的原因吧。

10．你的生命比什么都重要！

**素养决定孩子的格局：**
斯坦福妈妈把美式教育带回国

　　当你感觉到有生命危险和必要的时候，你可以无视对方，大声地喊叫，还可以撒谎、咬人、戳人的眼睛、偷东西、打坏任何贵重的东西，你听说过的任何规矩都不用遵守，因为你的生命比什么都重要！

　　看到最后一点，我莫名地有点感动。一切的规矩、行为规范都是在安全的前提下，但是世界上没有任何东西比生命更为重要。在遇到生命威胁的时候，想尽一切办法让自己脱离危险，是必须教会每一个孩子的。我想如果中国的孩子在遇到危险的时候也能够记住这一条，就不会出现火灾发生的时候"让领导先走"那样的悲剧了。

# 管教孩子的三重境界

熊孩子哪个国家都会有，并不是只有中国有熊孩子，美国其实也有熊孩子。但是，对于管教孩子这个问题，美国的家长会把孩子当作一个独立的个体。而在中国，有一句古话叫"油盐出好菜，棍棒出好人"，或者"棍棒底下出孝子"。中国的传统认为，父母是高高在上的，父母给了孩子生命，子女什么都要听父母的。所以，中国的家长打孩子骂孩子是比较普遍的。在美国，打孩子是犯法的，不光打孩子犯法，在很多州，如果路人看见一对父母在打孩子，那么看见的人不报警的话也是违法的。所以，美国的家长管教孩子会用除了打以外的方法，首先家长要把孩子作为一个平等的个体来对待。其实只要跟孩子保持很好的沟通，父母不需要打和骂，就可以达到警示和提醒的作用。

在我看来，管教孩子有三重境界。第一个重境界是中国人经常说的棍棒底下出孝子，用打来教育孩子。孩子比较小的时候，会屈服于父母的淫威，不得不听话，但其实很多被打的孩子并不是心里服气，而是不得已、没有办法，只好屈从于武力。但是，作为家长可以设想一下，当孩子长到2岁、3岁，你可以打他，等他长到 12 岁、13 岁甚至二十几岁时，你还可以打他吗？恐怕到那时候家长想打也打不动了。

第二重境界就是骂孩子。骂孩子虽然说可能比打孩子稍微好一点，但实际上也是一种语言暴力，孩子在父母语言威慑的情况下，虽然屈从了，但很多时候他并不知道为什么父母要他这样做，他为什么在调皮的时候，就要听父母的话。很多时候骂孩子也会增加孩子的抵触情绪。

第三重境界就是眼神。就拿我的孩子来说，我的两个孩子都是男孩子，他们也会调皮，但我从来不打骂他们。我采取的管教方法是，眼睛要与孩子平视，我觉得这一点非常重要。因为眼睛平视后，孩子会觉得大人与他是在平等的状态下进行沟通。我通常的做法是，我的孩子在公共场所特别调皮的时候，我会把他带到一个角落里，比如餐馆的一个角落里，或者带到周围没有人的地方，然后蹲下来，告诉他："请你看着我的眼睛，我要告诉你刚才的情况，你的行为有点太调皮了。"当我蹲下来用眼睛看着他的时候，认真地告诉他这样的一个情况的时候，基本上他就知道他的行为有点太调皮了。如果在家里的话，家里有客人在的时候，我从来不会当着客人的面训斥我的孩子。我觉得孩子也是需要面子的。所以通常的做法是，把孩子带到房间，让他坐在他的床上，我搬一个凳子坐在旁边，我会很严肃地跟他说，这件事他做得很不对。通常这个时候，我的孩子就会知道，妈妈在说一件很严肃的事情了。

现在在中国，打孩子的家长也慢慢减少了。但是很多家长在跟孩子沟通的时候，通常是居高临下、趾高气扬地，用命令的语气说你该怎么样怎么样去做，孩子的第一反应是抵触的。因为从心理学来讲，处于劣势的人会增加自己的防备心理。所以就算家长说得有道理，孩子也不会心甘情愿地去接受。我觉得，与其讲如何惩罚孩子，还不如讲如何更好地跟孩子沟通。我的做法是，从孩子会站起来开始，我就蹲下来跟他说话，眼睛平视他，这样就可以增加孩子的自信心，因为自信的孩子才能够看着别人的眼睛说话。一开始，我的孩子跟我说话的时候，我让他看着我的眼睛的时候，他总是东张西望的，我告诉他，和别人说话的时候，眼睛看着对方是对别人的尊重。看着别人说话，你就更能通过眼神传达更多的信息给对方，所以到现在为止，我的孩子无论是在外面还是在家里玩得再疯的时候，只要我对他说，请你看着我的眼睛，他就知道我是在跟他说特别严肃的事情。

在欧美的很多家庭，包括在学校里，很多时候管教孩子经常采用的一种方法是"计时隔离（Time Out）"。什么叫"计时隔离"？英文的 Time Out 是从比赛中的暂停开始的，后来慢慢地演变成家庭和学校里纠正孩子行为的一种方式。当孩子在做出一些调皮或不能让管教者接受的行为时，管教者会暂时将孩子从当时的环境中隔离出来，如此做的目的就是让孩子脱离当时的那种环境，让他冷静地思考自己的错误，从而实现对孩子的管教或惩罚。

我曾经跟我儿子学校的老师聊过这个事情，因为在美国家长不能打孩子，遇到熊孩子的时候，家长使用的比较有效的方法是禁止孩子做他比较喜欢做的事情。比如说，孩子本来可以看20分钟的电视，但是他调皮捣蛋了，家长就会取消他看电视的权利。或者孩子调皮的时候，本来计划是要带他出去玩，或者带他去看足球比赛，然后家长就会剥夺孩子的这个权利，让他知道这件

**素养决定孩子的格局：**
斯坦福妈妈把美式教育带回国

事情的严重性。美国的学校也会实行计时隔离管教法。美国学校的老师绝对不会体罚学生，因为这是违法的。但是老师会让孩子计时隔离，比如罚站，别的小孩都在做游戏的时候，这个被计时隔离的小孩就只能看着，或者只能站着看，不能参与，这样也能达到对孩子惩戒的效果。

其实，计时隔离管教法的优势比较简单，能让孩子从心理上短暂地从当时的环境脱离开来。我刚才说的用眼神平视的方法，或者把孩子带到没有人的地方，或者在家里把他带到他的房间去讲道理，其实也是某种程度上的计时隔离。但在美国，计时隔离有时只是让孩子面壁思过，或者关小黑屋的做法。我通常的做法不仅仅是让孩子到自己的房间里去，而是会跟他一起到房间里去跟他聊刚才发生的事情。我儿子在我跟他聊完之后，他会哭起来，承认自己刚才的行为真的很不对。通常这个时候，我会拥抱他、安抚他，告诉他"这件事也不是说特别严重，只是你刚才的行为很不对，我希望给你留面子，才把你带到房间里来"，这样等他冷静过后，我会抱抱他，对他说："妈妈相信你会改正，妈妈出去的时候，希望你能听进我刚才说的话。"等孩子重新回到大家视野的时候，他就会冷静下来。小孩子都喜欢耍人来疯，把他从当时的情境下抽离出来，其实对于纠正他的不当行为是一种比较好的方法。

计时隔离的操作性比较灵活，没有一定之规，而且其实中国的很多家长也都在用，包括让孩子面壁思过，或者关小黑屋，其实都是某种程度上的计时隔离。但是，我不建议把计时隔离单纯地变成面壁思过，或者关小黑屋或关厕所里，因为有的时候，这样会对孩子的心理造成一定的负面影响。我记得我有一个朋友说过，她采用计时隔离管教法把他家孩子关进卫生间过，结果很长一段时间，他家孩子特别怕进卫生间。因为他孩子会觉得卫生间是被惩戒的一个地方，对这个房间产生特别恐惧的心理。所以，单纯地对孩子实行计时隔离并不是一个很好的方法。把孩子从当时的情境里拉出来，比如他在餐馆或游乐场特别疯闹的时候，带到一旁没有人的地方，这并不是说让他离开，不要玩就行了，而是这个时候家长一定要陪着他，跟他讲道理，告诉他刚才哪个地方做得不对，需要怎么遵守规定，孩子就会从心理上接受。不让他玩了，让他在旁边站着，这样也不好，无论是在公共场所，还是在家里，家长都要给孩子足够的面子。

很多时候，我觉得管教或者惩戒孩子，需要家长和孩子建立一种规则，什么事情是要被惩罚的，怎么惩罚，惩罚多久，这些需要家长和孩子一起来建立规则。之所以强调"一起"，是告诉大家：不是家长制定规则，孩子来遵守，而是一起来制定规则。我们家其实还有一个管理孩子的方法，就是执行"攒星星"的方法，我会跟儿子一起来建立这个规则，比如他表现得好，每天按时做作业，做得比较好，或者帮我们拿碗筷，放到洗碗机里等，都是可以攒星星的，而攒的星星是可以 1 比 1 兑换成零钱来买玩具的，我的孩子不是从小想买什么玩具就给他买什么玩具，而是说他要通过自己的努力去攒到足够的星星，再用这个星星去兑换玩具，如果他的星星没有攒到一定的量（在我们家是一颗星兑换一美元），比如他要买的玩具是 30 美元，而他的星星只够兑换 20 美元，我是无论如何都不会给他买的。他知道无论他多么喜欢，我是不会给他买的，所以长时间下来，他也会形成这样的习惯了。我儿子会经常去看他攒的星星，然后非常高兴地去商店选购他喜欢的玩具。当星星数量

**素养决定孩子的格局：**
斯坦福妈妈把美式教育带回国

不够的时候，他看到一个比较贵的玩具，他知道我不会给他买，在这件事情上他会非常节制，不会大哭大闹。要买什么玩具，他会按星星的数量来衡量。

所以，同样地，跟奖励机制相对应的是惩罚机制，他表现不好，比如作业做得不好，或者其他方面做得不好，是会扣星星的。这样有奖励有惩罚，孩子就会知道，他表现好会给自己带来一些好处，可以攒够钱去买他的玩具。如果表现不好，就会被扣星星。在现在物质这么发达的年代，很多孩子的生活条件非常好。我不想让自己的孩子从小想要什么就得到什么，因为我觉得那样的孩子没有靠自己的努力和行动获得的东西往往不会珍惜。

我家的攒星星制度从孩子很小的时候就执行了，也因此我的孩子特别节制，他看中一个玩具后，会在柜台那里流连忘返，他知道我是绝对不会给他买的，他会对我说，妈妈我的星星不够，但是我想在柜台上看5分钟。我说可以，他就会看5分钟，时间到了后，就会跟我走，绝对不会哭闹。我在国内看到有些孩子想要什么玩具没有得到满足，就满地打滚，我是特别不喜欢这样的情况发生。

只要家长和孩子建立一个契约性质的制度，而且家长一定要坚持这个规则和原则，不要经常去妥协，孩子就会养成遵守规则的习惯。比如当孩子特别想买一个玩具，而他攒的星星又不够，这时候家长如果帮孩子买了，下次他就知道了，这个规则是容易被破坏的。所以，首先，家长应该跟孩子一起来建立这个规则，其次，家长要做的是坚持这样的规则，孩子在遵守规则的时候，会跟家长建立一种契约关系。这样的契约精神对孩子来说是非常好的，可以让孩子很好地控制自己的欲望，锻炼孩子的自控能力，我觉得这点对于孩子来说也特别重要。因为这个世界充满了各种各样的诱惑，一个自控能力强的孩子，未来才能真正成功。不是说今天晚上想打游戏，就不做作业跑去打游戏了，而是说，在做完作业后去打 5 分钟游戏，这个顺序是先做作业再打游戏。

**素养决定孩子的格局:**
斯坦福妈妈把美式教育带回国

# 美国双职工家庭是如何带孩子的

在美国有很多家庭父母双方是需要上班的,当然也有很多是全职妈妈,不用上班的。美国跟中国不一样的是,老人基本上是不会帮助子女带孙子的,这点跟中国特别的不同。因为在美国,很多爷爷奶奶、外公外婆有自己的生活,而且老人认为自己是没有义务帮子女带第三代的。所以美国的双职工家庭是很辛苦。但是,在美国父亲在照顾家庭和带孩子方面的角色,比中国的很多父亲做得好很多。

在美国,我觉得父亲的形象跟中国的不太一样,在中国,父亲的爱是比较深沉的,而且会觉得自己在外挣钱,管教孩子的责任应该落在母亲的身上。但是在美国的话,父亲更多的是像孩子的年长玩伴,引导孩子的同时陪伴孩子的成长。我记得曾经看过一个视频,是父母对孩子的了解程度的视频,其中爸爸对孩子的了解普遍低于妈妈。但是在美国有数据统计,从1965年到2011年,父亲参与教育孩子、陪伴孩子的时间越来越多了。现在美国出现了很多全职爸爸,妈妈在外面上班,爸爸来照顾家庭。在美国,我觉得男人和女人相对更平等,不像在中国,越来越多的妈妈担负起照顾孩子的重任,而

## 第二章
学习为人父母，当好孩子的引路人

父亲的参与度不够。

美国父亲的参与度很高。首先，美国很多时候会有一些俱乐部、协会，或者教会活动是鼓励孩子和父亲来参加，让妈妈放假。有时是父亲带着孩子出去过周末，妈妈就可以放假，或者夫妻双方周末两天轮流带孩子，比如周六是妈妈带孩子，周日的时候是父子日或父女日，就是父亲全权接管孩子，带孩子去任何想去的地方。我记得有朋友参加过那种只有父亲参与的亲子露营活动，整个活动只有爸爸和孩子参与，妈妈就可以享受一个人独处的时光。后来听参加过活动的朋友说，那些父亲都表现得很好，或者至少比想象中表现得好。其实父亲的角色跟母亲的角色是完全不同的，虽然父亲没有母亲那么细心，但是会带给孩子更开阔的思路。

美国还有童子军组织，大多是男孩子参加，当然也有女子童子军。童子军里举办的活动，很多时候基本是父亲带着孩子去参加的一些活动。他们会去露营，会去野外生存，会去攀岩、做极限运动、划船等这样的活动，更多的是需要父亲参与其中，所以这种活动能够很好地促进父子的感情。

作为美国的双职工家庭，在我们家，早上我和孩子的爸爸其中一人会送孩子去上学，另外一个可以早一点出门，下班回家的时候，早出门的人可以早下班，晚出门的人可以晚下班，这样就可以把时间错开，可以兼顾双方的工作和生活。下午接了孩子以后，可以送孩子上一些课外班或afterschool。

在美国，双职工家庭带孩子挺辛苦的，但是美国的家长很多时候是很想得开的，他们并不会把自己完全地拴在孩子身上。因为在美国的很多州，14岁以下的孩子是不能单独待在家里的。所以，他们在周末的时候，会请半天

素养决定孩子的格局：
斯坦福妈妈把美式教育带回国

的保姆在家里帮助看孩子，这样就可以出去看个电影或吃个饭来缓解一下疲惫的身心。美国有相应的网站和 App 可以找到这种临时的保姆，这些临时保姆都是经过背景调查的，比较放心。雇佣保姆或找邻居帮忙看孩子，爸爸妈妈就可以有个时间稍微放松一下。

相对中国来说，美国父母周末与孩子相处的质量是比较高的。中国的很多父母周末都是手机党，在家里看孩子的时候也是不停地刷手机，但是美国双职工父母会带孩子出去，有时候会去博物馆或去图书馆，有时候会带孩子去户外运动。一家三口或者一家四口到大自然去徒步，很多时候会去做一些户外活动。我经常看到一家三口或四口骑自行车到郊外去徒步、爬山等，或者带孩子去听听音乐会，去博物馆等。

在美国，父亲和母亲这两个角色相对来说更平衡。不像在中国，照顾孩子基本上是妈妈的事情，爸爸的角色就是赚钱。在美国就算是有全职妈妈，靠爸爸挣钱养家，但是到了周末或者爸爸相对比较轻松的时候，父亲的参与度一定是很高的。即使有全职妈妈，周末父亲也会放一天假，尽量放下手头的工作，带孩子去户外活动，或者带孩子去听音乐会、去博物馆。美国父亲和母亲的分工是相对比较平衡的，因为比较辛苦，美国的家长很多时候带孩子带得比较糙，他们不会拘泥于一些细节，比如孩子饿了脏了，他们可能更看重的是和孩子之间的亲子互动，比如一起阅读，一起去图书馆借书，一起去博物馆。我觉得这点是值得中国家长学习和借鉴的。

在家长分工上父亲的参与度不仅很高，而且即使是全职妈妈在家照顾家庭，美国爸爸对全职妈妈的感激和理解也是非常到位的，他们非常感激有一个全职妈妈为了家庭不上班，牺牲自己的事业去照顾孩子。这一点非常好。像我的一个美国朋友，他的太太在家全职照顾孩子，我们聚会的时候，他在很多场合都会说："我太太很辛苦，带孩子真的是很辛苦，她真的很了不起，我特别感激她。"我觉得这样做其实是丈夫对妻子在家庭中所付出的一种肯定。我不止一次听我的美国朋友说起自己的太太是全职太太，照顾家庭很辛苦。我很欣赏这种夫妻关系，夫妻双方在家庭的分工是比较平衡的、公平的。父亲在教育孩子的过程中也扮演着非常重要的角色。

# 做孩子的玩伴——美国父亲的角色

在美国，父亲节和母亲节是一样富有意义的日子。父亲节那天，我远在美国的朋友苏珊给我发了一张她的孩子们认真给爸爸准备父亲节礼物的照片。虽然只是一张看似简单的父亲节卡片和一个小手工作品，但是看得出孩子们在用心地表达对父亲的爱。

中国和美国父亲对孩子爱的表达方式很不相同，我今天想分享两个关于父爱的小故事。父爱有很多种，你属于哪一种？

## 中国父亲——爱孩子爱得深沉

我的一个朋友是大学老师，她曾经给我讲过这样一个故事。大一刚进校，一次班里开班会，主题是"那些让我温暖的故事"。班上的很多同学分享的都是陌生人帮助自己，让自己感动的故事。

只有一个来自四川的学生说，5·12大地震的时候，她正在学校上课，突然感到整个教室在摇晃，顿时大家慌作一团。楼梯上往下跑的人很多，她在人流中被挤得东倒西歪，万幸的是最后还是及时跑了出来，但是心里的恐惧却一阵阵袭来无法控制。她想打电话回家，但地震后通信信号也中断了，根本没法打电话。

不知过了多久，她突然在操场上看到一个熟悉的身影，她的爸爸满头大汗、气喘吁吁地出现在学校里，在慌乱的人群中拨开一个又一个的人在寻找她。那一刻，她的眼泪止不住地往外涌。原来她的爸爸担心她的安危，不顾余震的危险，步行几个小时来到学校确认她平安无恙。

她说，她的爸爸平时工作很忙，而且对她非常严厉，所以她常常会觉得爸爸似乎没有想象中的那么爱她。但是在那个惊慌、无助的时候，爸爸的到来，让她顿时觉得很踏实、很温暖。因为她知道虽然她的爸爸平时不善言辞，但是在万分紧急的情况下，爸爸首先想到的仍然是她。

这是一个典型的中国父亲的故事。中国的父亲不善于对孩子表达爱，但是他们的爱却是那样的深沉，"父爱如山"是对中国父亲最好的诠释。

## 美国父亲——陪伴是最长情的父爱

"男主外、女主内"是几千年来中国人对于家庭的定义。照顾家庭、陪伴孩子是妈妈承担的角色，爸爸的任务就是挣钱养家。

前段时间我在网上看到一个关于父母对于孩子了解程度对比的视频，视频中爸爸们对孩子的了解明显少于妈妈们。

我曾经和我的美国好友苏珊的先生杰克讨论过关于美国人眼里"父亲"

这个角色的含义。杰克说，美国家庭中父亲的角色更像是孩子一个更年长的玩伴，引导孩子的同时，更多的是陪伴孩子的成长。

杰克是一个律师事务所的合伙人，工作异常忙碌，同时也是三个孩子的父亲。但是他的同事都知道他有一个不成文的习惯，每周六是他固定的"父亲陪伴日"。在这一天，他会尽量放下手里的工作陪伴孩子，有时是带孩子们去向往已久的儿童乐园；有时是带孩子们去看他们喜欢的棒球比赛；有时甚至只是带领孩子们在家里修剪院子里的花草。他说陪伴孩子的时间是他繁忙工作之余最放松的时光。

杰克曾经在儿子迈克尔考完期末考试后，陪儿子打了一通宵电脑游戏。这个看似疯狂的举动却赢得了儿子迈克尔的大加赞赏。迈克尔告诉我，"兰兰阿姨，你知道吗？我爸打Minecraft（美国小孩喜爱的一款电脑游戏）打得真是太棒了，我以前从来没想到过我爸可以这么厉害。就一个晚上，杰克无所不能的"高大"形象就成功俘获了儿子的心。

我后来曾经调侃过杰克，"迈克尔告诉我说你打Minecraft很厉害哦，他还悄悄告诉我你现在是他的新偶像了呀！"苏珊也在一旁帮腔道："是啊！迈克尔现在可崇拜杰克了，他在学校的事情都愿意回来告诉杰克，他们简直不是父子，是兄弟了。"

把"父子关系"处得像兄弟，我想这是一个更高的境界了吧！在中国的传统里，有"严父慈母"之说。但在美国，陪伴是最长情的父爱，父亲对于孩子更像是年长的玩伴！

细细想来，的确是这样。美国父亲陪伴孩子的时间明显多于中国的父亲们。我国内的朋友常常向我抱怨老公忙,需要经常出去应酬而不能在家陪伴孩子,就算在家也是低头一族,手机不离手。在美国,我身边也有很多非常忙碌的父亲,无论是公司的"CEO爸爸"还是繁忙的"律师爸爸",他们每周都会抽出固定的时间陪伴孩子。

下面这张图是美国父母1965年和2011年在工作、做家务和照顾孩子三个方面每周的时间对比图。从图上我们可以看出来,在美国,虽然挣钱养家的主力仍然是父亲,但是父亲也越来越多地承担起照顾孩子和做家务的责任。

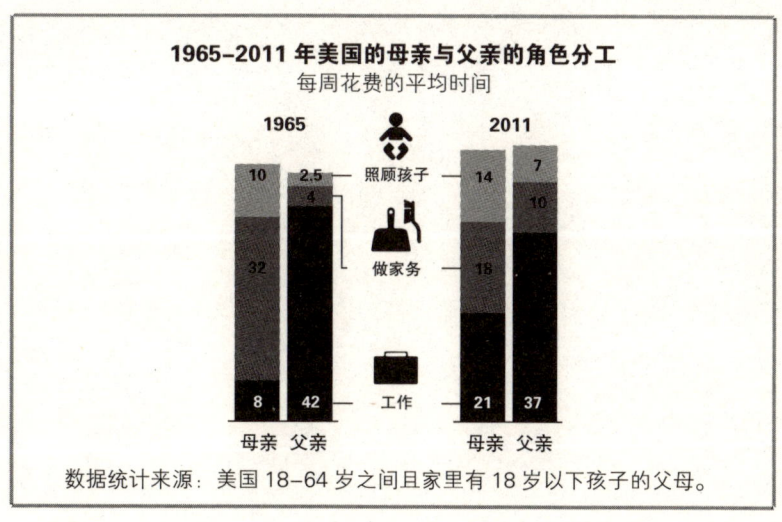

我曾经看过一篇文章,美国权威的《科学栏目》撰稿记者保罗·雷伯恩(Paul Raeburn)曾经花了8年的时间进行研究,发现父亲在孩子的成长过程中扮演着极其重要且不可替代的角色。除了养家糊口外,父亲还是孩子的朋友、妈妈的爱人、家的保护伞。父亲的陪伴更能让孩子感受到爸爸对自己的重视和家庭的幸福和谐，更能给孩子充满爱的感觉，而父亲给孩子的这种感觉恰恰是母亲不能给予的。

在孩子心里，爸爸的陪伴胜过任何昂贵的玩具，一家人其乐融融的相处时光，就是对孩子爱最好的表达！所以，请看到此文的各位爸爸们放下手中的手机，推掉那些可有可无的应酬好好陪陪孩子吧！

# 美国也有"孟母三迁"

我和几个斯坦福的校友聚会时,作为校友聚会的习俗,大家免不了八卦一番那些斯坦福大牛校友的成长史,其中当然少不了谷歌(Google)的创始人之一——塞吉·布林。

塞吉·布林的成长过程非常特殊,抱着一个严谨的学习态度,我把这位大牛校友的"前世今生"好好考查了一番,才发现这位大牛的背后有一对了不起的父母。

为了布林的成长,他的父亲老布林可谓是费尽了心思。下面我们就来看看谷歌创始人塞吉·布林的老爸是如何一步一步为布林创造成长环境,培养他走向成功的。

## 为了布林不受歧视,为布林改换成长大环境

塞吉·布林 1973 年出生在苏联首都莫斯科的一个犹太家庭。布林的爸爸迈克尔·布林是苏联计划经济委员会的经济学家,而妈妈在苏联石油天然气

公司的实验室工作。总体来说，在20世纪70年代，布林的家庭在莫斯科应该是过得很不错的。

当时苏联是美国的敌人，并且非常排斥犹太人。因此老布林在读大学的时候就因为苏联排斥犹太人的政策无法就读自己非常喜爱的天文和物理专业，最终无奈地选择了数学专业。

当布林出生以后，老布林非常担心小布林也同样受到不平等待遇，一样受到歧视。于是，为了小布林能够获得更好的成长环境，在一个不受歧视的环境下身心健康成长，老布林毅然决然地在1978年做出了一个惊人的决定——全家移民美国。要知道在那个时候苏联的大环境下，想要移民美国简直和叛国没有什么两样。

1978年9月，老布林刚刚提出美国的签证申请，他和布林的妈妈就双双被单位开除了。在接下来的一年里，他们全家过着朝不保夕的生活，基本没有稳定的生活来源，但就是这样也没有动摇老布林想要给小布林提供一个自由发展的成长环境的决心。

当美国签证下来以后，布林全家仍然无法顺利出行。老布林带领全家历经千辛万苦，搬家的距离跨过整个欧洲和大西洋，先后辗转奥地利的维也纳、法国的巴黎，最后终于在1979年10月25日抵达美国纽约。

古有"孟母三迁"，今有"布父移民"，可以说塞吉·布林今天能够成功，他的父亲功不可没。试想一下，如果当初老布林不排除万难带着全家移民美国，给布林提供一个自由成长的环境，何来今天的谷歌，何来今天战胜围棋世界冠军的阿尔法狗（Alphago）？

## 继续为布林改换小的学习环境

各位爸妈别以为布林一家到了美国就万事大吉了，布林就不会受到歧视了，非也！为了儿子能够尽快融入美国社会，老布林特地送小布林进了一所犹太学校（Mishkan Torah Hebrew School），但是布林在这所学校里还是受到了歧视，原因很简单——他有很重的俄国口音。

老布林会怎么办呢？他继续为儿子换地方。当然这对于地皮子都没踩热的老布林来说并不是一件容易的事情，但他还是做到了。为了儿子他搬家跨越了半个地球，这点困难算什么！最终，他把儿子转到了另一所学校（Paint Branch Montessori School），这所学校以师生友爱，学习环境自由、宽松著称。成名后的布林，在很多次采访中，都有提到后来他就读的这所学校，他非常感谢他的父母能够带领全家移民美国，并且最终帮他选择了适合自己的学校，而他自己也一直认为转学到这所学校是他人生当中非常重要的一步。

## 改变家里的环境，适应发展的需要

布林读小学的年代在美国正是个人电脑刚刚萌芽的年代。那个时候的个人电脑还是一件非常奢侈的东西。但是我们的老布林非常具有前瞻性，他很快意识到了电脑这个科技产品的重要性。在1982年，也就是在布林9岁生日的时候，老布林为小布林买下了人生中的第一台电脑Commodore64（康懋达是与苹果公司同时期的个人电脑公司，曾经创造过一系列奇迹）。这台电脑

**素养决定孩子的格局：**
斯坦福妈妈把美式教育带回国

在 1982 年当时的售价将近 600 美元，大约应该相当于现在的 6 万美元了吧。这在当年真的不是一笔小数字，现在一个 iPad 的起价在美国也就 499 美元。老布林真是大手笔，现在要让我给儿子买个超过 100 美元的玩具，我都还要犹豫半天。

一个才到美国两年的家庭，为了孩子，老布林也真是够拼的，花了血本了！而正是这台电脑，在 9 岁的小布林心里深深种下了一粒种子，从那时算起的 16 年后——1998 年，塞吉·布林和他的搭档拉里·佩奇（另一位斯坦福的风云校友）创立了伟大的公司——谷歌。

我想作为父母，虽然我们未必能培养出下一个塞吉·布林，但是我们的确能够从老布林身上学到很多——为孩子创造最好的成长和学习环境，不管是良好的社会大环境，还是适合的学校环境，以及促成孩子自身发展的家庭环境，老布林都一直在尽心尽力地担起一个父亲的责任。不仅如此，老布林还教会了儿子准确的判断力和果断的执行力，以及遇到困难百折不挠的精神，从而成就了我们今天谷歌的创始人之一——塞吉·布林。

作为父母，我想最重要的并不是给孩子提供最优越的物质条件，而是尽我们所能给他们提供一个自由、宽松的学习环境，激发孩子的潜能，引导他们走向他们自己的人生之路。

## 鼓励孩子去追逐自己的梦想

看了美国总统奥巴马在 PARADE 杂志曾经发表的一封致女儿的公开信，感触很多，我想每个父母都会关心和在意孩子的梦想吧。我们先来看一下奥巴马都给女儿写了些什么，下面是书信的节选：

"我很快发现，能从你们身上看到的快乐，才是我一生中最大的快乐。我还意识到，我必须为你们争取幸福的每一个机会，更希望在你们这一代身上看到属于你们的幸福，否则我个人的生活将不会有什么意义。"

"我希望为你们做的事情很多：在你们所成长的这个世界里，你们应该有无限的梦想，也没有你们做不到的事情，我也希望等你们长大成人以后，你们能够成为有热情有信仰的女人，有助于建设这个世界的女人。我希望每一个孩子都能够拥有和你们一样的学习机会，同样的梦想和茁壮成长的道路。这也是我为什么愿意带领我们这个家走上这一伟大征程的原因。"

看到这句"你们应该有无限的梦想，也没有你们做不到的事情"，我特

### 素养决定孩子的格局：
斯坦福妈妈把美式教育带回国

别有感触。记得我刚到美国斯坦福大学读书的时候，很多同学常常聊起的一个话题就是"美国梦"（American Dream）。

"美国梦"这个词最早出现在 1931 年的经济大萧条时期，詹姆斯·亚当斯在《美国的史诗》一书中第一次提出美国梦。他写到"让我们所有阶层的公民过上更好、更富裕和更幸福的生活的美国梦，这是我们迄今为止为世界的思想和福利做出的最伟大的贡献"。

从此，美国梦流行开来，成为美国人的共同信念。世世代代的美国人都深信不疑，只要经过努力不懈的奋斗，通过自己的勤奋工作、勇气、创意和决心，没有什么事情做不到。也正是因为这样的价值观，"美国梦"一直激励着世界各地的青年人来到这片土地创造自己的价值。

在美国教育中，"美国梦"深深地扎根在每个孩子心中。但是这样的梦想并非个个都是那么的"高大上"。如果你去学校随便问一个孩子，你的梦想是什么？你常常会听到很多很普通的回答，想当售货员，想当清洁工……

我儿子曾经有一阵子的梦想是想当"农民"，因为他觉得开拖拉机是一件非常酷的事情。我告诉他"农民是一个很不错的职业，可以给别人生产食物，让人不会饿肚子！但是要想当农民可不是那么简单的呀！首先要有好的身体，不怕吃苦，不怕风吹日晒；其次要学会开拖拉机也并不容易；并且同样大小的一块地，如何才能种出最多的食物，这其实是需要学习很多知识的。植物需要土壤、阳光、水分和养料。如果你未来想当一个农民，那我们就先从种一棵向日葵开始吧。"

我记得自己在上小学的时候，有一次老师要求写的作文题目是《我的理

## 第二章
### 学习为人父母，当好孩子的引路人

想》（我想在中国长大的孩子几乎都写过这个题目的作文吧）。当时我的作文里，理想是长大了当一个卖冰棍的，这样就可以每天吃到各种各样的冰棍（原谅我从小就是一个吃货）。结果文章被老师打回来重写，老师还语重心长地找我妈妈谈话，说我从小成绩这么好，怎么能这么没有远大抱负呢？我应该当作家，当科学家，这样的理想才能叫作理想。而在美国，老师和家长会鼓励孩子们看似"荒谬"的梦想，鼓励他们为之付出努力去实现它。

美国脸书公司的CEO扎克伯格就是很好的例子。他在做脸书之前，是在万人瞩目的哈佛大学上学。那可是自带光环，走路都带风的地方。试想一下如果在中国谁家孩子能够考进哈佛，那父母得感到多大的荣耀啊！但是如果你的孩子突然有一天回家跟你说："妈，我不想上哈佛了，我要退学，我要自己开公司。"而且还是搞一个你听都没听说过的什么"社交网站"，你会不会气得头上冒烟，直接一巴掌甩过去？

但是扎克伯格的父母，非但没有甩他巴掌，还鼓励他去追逐自己的梦想！扎克伯格在哈佛大学，主修的是心理学，可是他却一直"心系他物"。他不仅没好好学习自己的专业课，还调皮捣蛋，擅自"黑"了学校的数据库，盗取了数据库里面储存的学生照片，放在自己建的一个网站上。结果被哈佛大学查处，封了他的网站，并给了他一个"留校察看"的处分。但他还是"执迷不悟"，重新建了个社交网站，还为了这个网站，从哈佛大学退学。这看起来真是一个典型的反面案例啊，这孩子不好好学习，还净惹事儿！可结果是怎样的呢？扎克伯格创建的社交网站脸书，一经推出就立刻横扫哈佛校园。当月底，就有超过半数的哈佛本科生成为脸书的注册用户。两个月后，脸书

素养决定孩子的格局：
斯坦福妈妈把美式教育带回国

的影响力已经遍及所有常春藤院校和其他一些学校，注册人数很快突破了100万。现在脸书早已遍布全球，而扎克伯格也被人们冠以"第二盖茨"的美誉，成为历来全球最年轻的自行创业的亿万富豪。

扎克伯格原先那些在有些家长眼里莽撞、愚蠢的行为竟然会获得如此巨大的成功，哪里出问题了吗？其实出问题的是我们看待事物的方式，也许我们应该尝试换一种视角看问题。

扎克伯格从小迷恋电脑，但和很多痴迷于网络的孩子不同，马克·扎克伯格不是迷恋于电脑游戏，他更多的是在研究电脑编程等技术之类的事情。在哈佛大学时，扎克伯格主修的是心理学，不过他仍然痴迷于电脑，更疯狂地爱上了编写程序。他一有时间就会坐在电脑面前，始终保持着对电脑的狂热。

在进入哈佛大学之后，马克·扎克伯格很快就表现出了创业者所需要的大胆、自信及能干的特质。后来他索性建立一个社交网站 Facemash——那个他为之"黑"入学校系统的网站，那个间接导致他受处分的网站。

"黑客事件"后不久，"执迷不悟"的马克·扎克伯格汲取 Facemash 的经验教训，用一个星期的时间搭建了全新的社交网站脸书。随着脸书网站注册人数越来越多，马克·扎克伯格断然从哈佛大学退学，专心致力于脸书网站开发，最后取得了一系列的成功。而这样的成功，离不开给予他这方面绝对支持的父母！

马克·扎克伯格从小就受到了良好的教育，他并没有被要求一定要沿袭父母的职业，自小受到父母耳濡目染的是学习和生活方式。1984 年，马克·扎克伯格出生在纽约州，在父母身边，他学会独立思考，学会自主选择，他还发现自己对计算机格外钟爱。当他的父母看到年仅 10 岁的儿子对计算机极为痴迷时，便送给他一台电脑，他的梦想之船在这时便启航了！

在美国，家长精心呵护孩子的梦想，而不是要求孩子一定要实现家长的某种价值或梦想。美国家长更希望孩子幸福、快乐，活出自己的样子。正是由于扎克伯格的父母让其无拘无束自由发展，充分地发展他的兴趣和爱好，理解他并支持他辍学创业，才成就了今天的脸书帝国！

梦想是孩子成长的翅膀，它可以很远大，也可以很朴素，但是作为家长请细心、耐心地呵护他们的翅膀。在他们天马行空的小脑袋里，蕴藏着无限的可能，或许今天的一个看似"荒谬"的梦想，明天就会让我们的世界大不同！

素养决定孩子的格局：
斯坦福妈妈把美式教育带回国

# 人生是场马拉松，不做焦虑的父母

暑假我带着孩子回到国内，一天带儿子去超市买东西。还未进超市大门，门口两排手里举着宣传牌的"门卫"让我顿时有种"上朝面圣"的感觉。细细一看，好家伙，几乎全是各种暑假补课的宣传牌。

内容不外乎"奥数、英语、数学思维、书法、钢琴……"针对的对象从幼儿园到高中，几乎只要你有孩子，就保准有一个班适合你。那些"门卫"不仅仅举着宣传牌，还不停地往你手里塞各种宣传单。

我一直对这种强制推销补课的行为很反感，我孩子什么样我还不知道，用得着你来提醒我该补什么吗？虽然我仍然面带微笑地委婉拒绝着，但是内心是强烈抗拒的。

看着我大步拉着儿子往超市走，其中一个硬往我手里塞宣传单无果的推广人员，还在我背后大声对我说："这个妈妈呀，假期来了，还不赶紧给孩子报个补习班，不要让你的孩子输在起跑线上哦！"就这一句一下子把我惹火了！

要说关于孩子的教育，我生平最痛恨的一句话，就是这一句——"不要

## 第二章
学习为人父母，当好孩子的引路人

让孩子输在起跑线上"。这句话到底是哪个教育专家提出的口号，现在已无从考证。但是就因为这句话，让多少父母抱着自我安慰的心态掏钱祸害孩子的课余时间。也正是这句话，让中国的孩子从此失去了快乐的童年。

人生本来就不是一场比赛，硬要说是一场比赛的话，那也只是一场和自己赛跑的马拉松，而绝不是短距离的冲刺赛。今天我就来告诉你们一个"输在起跑线上的人生赢家"的故事！

我在斯坦福大学读书那会儿，在一个团队合作项目中认识了一个也是来自中国的合作伙伴。

在整个团队8个人里，只有我们俩来自中国，他比我还要年长几岁，因为他的英语夹杂着比较重的口音，在基本都比我们小不少，有点狂妄的美国队员里面，他一开始显得有点格格不入。

但是在经过半学期的合作之后，那帮美国"小屁孩"对他佩服得五体投地。他常常可以提出很多非常独特的观点，并且能够一步步、坚定地去实施，而最终的结果证明往往都是非常正确的选择。

接触多了，又因为我们俩都来自中国，自然有很多共同话题。他告诉我，他出生在中国一个非常贫穷的农村，他的父母都是识字不多的农民，他8岁之前不是在玩泥巴，就是在帮着父母干农活。

照现在的说法，他真的是妥妥地输在"起跑线"上的失败者。他说，他的母亲虽然识字不多，但是就算是街上捡来的废报纸，也会带回家给他看。他到现在都记得在煤油灯下，母亲一边缝补衣服，一边陪着他读书的情景。

他说他的母亲时常告诉他："不要和别人比，你只需要和自己比，每天进步一点点就好了！"

他说他就读的初中和高中基本上就没出过大学生，周围很多同学初中就辍学出去打工了，很多时候老师在上面上课，下面打牌的、聊天的同学就包围着他。

因此，他练就了一身在任何嘈杂的环境下都能够静下来看书的本事。

事实的确如此，记得有一次，我们一起到一个美国朋友家参加party，他说他有几页论文还没有看完，于是他真的就在满屋重金属摇滚的音乐声中，安静地把那几页论文看完了。

不仅如此，让我非常佩服他的一点还有，无论大家玩得再兴奋，聊得再投入，说好8点回家看书的他，总是非常自觉地准时离开。这种惊人的自控能力真的不是一般人能够比的。

如今的他，已经是美国某个著名大学的终身教授，有自己的独立实验室，带领着几十个博士生和博士后。

他常常和我自嘲式地开玩笑说："我这么一个一开始输在起跑线上的loser（失败者），居然也有今天！"他说他最感激的人是他的母亲，因为他的母亲教会他，"不要和别人比，人生起跑线什么的都是'浮云'，你需要做的就是一步一个脚印地往前走。"

曾经看到过这样一个演算的公式，只需要每天进步一点点，一年365天，会发现其实自己已经进步了一大截。

父母是孩子人生的引路人，硬要说人生的起跑线的话，我想"父母才是孩子人生真正的起跑线"！如果有一对尊重孩子、善于引导孩子的父母，他／

## 第二章
### 学习为人父母，当好孩子的引路人

她何止赢了起跑线，简直赢了半辈子。

我还想和大家再分享一个看似一开始"赢在起跑线"上，最后却令人很惋惜的故事。

她是我一个阿姨朋友的孩子，从小非常聪明，所以她的父母在她身上寄托了所有未完成的理想和抱负。因为家庭条件不错，从三岁开始父母就给她报各种补习班。她也非常争气，各门成绩都很拔尖，这就是大家传说中"赢在人生起跑线"上的 winner（赢家）。

她的人生前半阶段走得可以说顺风顺水，在外人看来风光无限。但是曾经有一次，在一个家庭聚会上，我遇到她。她看上去很不开心，表情很忧郁，她向我吐露心声。

她说她过得一点都不快乐，因为她的父母总是拿她和别的孩子比。虽然她已经非常努力了，但是并不可能在所有方面都比别人家的孩子强。她的妈妈非常要强，对她很是苛刻。每次考试都必须是班上第一名，否则她妈妈就会表现出一副很失望的样子，家里的氛围会一下子像是掉进了冰窟窿。

她对我说："兰兰姐，你都不知道我身上有多大的压力，有时我都不知道我努力学习到底是为了我自己，还是为了我妈？我妈的人生信条就是让我任何事情都要做到最好，不能比别人落后了。她经常拿谁谁家的孩子来激励我，一开始我也很受鼓舞，但是日积月累，我觉得自己都不像我自己了。我是我，别人家的孩子是别人家的孩子呀。"

虽然她很郁闷，但是她仍然很努力，不负众望，最终考上了中国最好的大学。

**素养决定孩子的格局：**
斯坦福妈妈把美式教育带回国

但是就在她大二的时候，我突然听说，她被学校勒令休学回家了。细问才知道，虽然在当地她是最拔尖的孩子，但是到了中国最好的大学，高手如云，她的成绩只能在班上排在中下等。这让她妈妈无法接受，不断地打电话，让她努力，努力，再努力！

她说她真的非常非常的疲倦了，她甚至有一次在电话里和她妈妈大吼："这些年，你只关心我的成绩，你真的关心过我内心是怎么想的吗？我不喜欢我现在的专业，你偏让我选这个……"

"我整晚整晚睡不着觉，就是怕辜负你！其实我真的不在乎成绩如何，我只是怕让你失望而已！"

最后，医生诊断出她患了很严重的"抑郁症"，被学校勒令休学治疗。这个时候，她妈妈才恍然大悟，以为一直让她不要输在"起跑线"上的人生就是为她好的观念，其实是大错特错了。

细细想来，"不要让孩子输在起跑线上"的观念，其实是父母内心的"面子""攀比心""虚荣心"在作怪。

"谁家孩子又报什么班了，我家的可不能落后……"

"他家孩子报了奥数，这次数学考试考了前三，我也得给我家孩子报一个……"

"她家孩子学了钢琴，没学多久就过了级，说出去太有面子了，我也得赶紧让我家孩子练起来……"

曾经看到过这样一段话："笨鸟有几种，有的是自己先飞；有的是自己不飞；还有的是自己不飞，下了个蛋，要小笨鸟先飞。"

我们现在有多少的父母，是那只自己不飞，下了个蛋却让小笨鸟先飞的父母啊？！试问，我们是否真的听从过孩子内心的声音呢？明明没有绘画天赋，偏要把他培养成"凡·高"；明明没有音乐天赋，非要把他培养成"贝多芬"。

在我看来，所谓真正的"让孩子赢在起跑线上"，其实是父母首先以身作则，让孩子在童年就培养他们良好的学习习惯，自发的学习兴趣，不是为了父母而学；让他们找到自己的兴趣爱好，养成良好的自控能力和持之以恒、坚持不懈的心理受挫能力，形成独立思考的人格，这才是真正的授之以渔！而这样的孩子，无论起跑得多晚，都一定会是笑到最后的那一个。

素养决定孩子的格局：
斯坦福妈妈把美式教育带回国

# 沟通是一个家庭的必修课

"有话好好说！"这句老生常谈，说起来容易，做起来难啊！而对于我们这些已为人父母者来说就更为重要了。

孩子是家庭里面最为脆弱的个体，其实很多时候看起来好像只是父母之间发生了矛盾，吵完架以后，父母和好了，但是受到伤害最重的往往是幼小的孩子们。

## 父母经常吵架，会使孩子忧虑、惊恐和悲伤，对家庭失去信心

夫妻经常在孩子面前大吵大闹对于孩子的成长影响非常大！美国有研究表明，一个经常吵架的家庭给孩子带来的负面影响比一个离婚的家庭给孩子带来的负面影响更大。

我的一个朋友 Mary 就曾经和我聊起过她和她先生吵架的一次情景。她说曾经有一次她为了一件小事和她先生当着孩子的面吵了起来。为什么说是小事，是因为现在已经记不起来到底是为什么吵了。

但是，至今都记忆犹新的是他们儿子 Jerry 的反应。她说当时他们都在气头上，完全忘了孩子的存在，结果他们的儿子 Jerry 声嘶力竭地哭了起来，在她的记忆中 Jerry 从来就没有那么哭过。

孩子哭得极其伤心，然后大声说："你们不要吵了，我害怕！你们不要吵了，我害怕！"

一瞬间，她和她先生都怔住了！

她对我说："我才意识到，我们吵的那点破事情和这件事情对孩子心理的影响相比，简直不值得一提！"

从那以后，她和她先生就定了一个规矩，不能当着孩子的面吵架。

## 父母经常吵架，会有损父母在孩子心目中的威信

孩子是敏感的，父母间的互相指责、互相贬低，甚至谩骂和人身攻击，会使父母在孩子心目中的良好形象受到严重的损害。

当孩子在场的时候，请尽量相互维护父亲和母亲的形象，因为孩子人生最重要的两个榜样就是他们的父母。父母是孩子的影子，已经有无数的研究证明了一个孩子的行为在很大程度上都是在模仿他的父母。

- 有吸烟习惯的父母所养育的孩子吸烟的概率比不吸烟的父母大很多。
- 如果父母酗酒，那么他们的孩子酗酒的可能性也大很多。
- 一个在有家暴发生的家庭里长大的孩子，长大后也很可能会有家暴倾向。

素养决定孩子的格局：
斯坦福妈妈把美式教育带回国

## 父母经常吵架，会使孩子养成喜欢和别人吵架的坏习惯

孩子的可塑性很强，父母在家吵架，他就会学着父母的样子到外面同别的小朋友吵架。久而久之，就会使孩子养成同别人吵架的坏毛病。

夫妻吵架虽然在所难免，但是当我们有了孩子以后，我们就得更加注意我们的言行了。

夫妻吵架在很多人看来是家常便饭，但是夫妻吵架也是有艺术的。什么时候什么地方可以吵，什么时候什么地方不能吵，大家都得有个掂量。

为人父母，我们都很爱我们的孩子！那么请为了您的孩子，有话好好说！

每当你想吵架的时候，请想想你的孩子，为了孩子你能忍忍吗？如果实在忍不了，还是吵了架，也请你为了孩子早点和你的另一半和好，而且得当着孩子的面和好，我想这也是弥补孩子最好的办法了。

## 电子产品用得好，也可以成为教育的利器

现代科技的进步，iPhone、iPad 的发明，给大家的生活带来了前所未有的便利。

我生活在美国硅谷，全世界高科技云集的地方，加上我先生所学专业的关系。可以说，我每天的生活充斥着各种高科技产品，市场上开卖的、没卖的，大家想象得到的、想象不到的，我都见过不少。

我家的画风经常是这样的

"Zoomer" 电子小狗一度是儿子的电子宠物

素养决定孩子的格局：
斯坦福妈妈把美式教育带回国

我是一个从来不拒绝高科技产品的妈妈，科技产品改变和影响着我们生活的方方面面，试想一下，如果没有互联网和智能手机，我们今天的生活怎么可能这么便利。

坐在家里只需要敲敲键盘或刷刷手机，就可以买到全中国，甚至全世界的产品；坐在家里就可以和大洋彼岸的朋友视频、语音聊天；坐在家里，我就可以通过微信公众号和大家分享国际教育资讯和那些我生活的点点滴滴。

当 iPad、iPhone 等智能终端横空出现，并大规模进入人们的生活以后，很多父母开始纠结了。这些以 iPad 为首的智能终端对于小孩子来说有着巨大的魔力，到底让不让我们的孩子接触 iPad 呢？它对于孩子的成长到底是好还是坏呢？到底该如何处理孩子和 iPad 之间的关系呢？下面我就谈一谈我自己的看法，希望能对为此纠结的父母有所帮助。

在我看来，父母对待 iPad 等智能设备的策略大体上可以分成三个层次：堵，疏，用。

## 第一个层次："堵"

我认识一个很保守的中国妈妈，她在亲子阅读方面做得很好，但是却视"iPad"为洪水猛兽。

她曾经这样跟我说："我希望我的孩子越晚接触 iPad 越好，在他小时候，我不希望他知道 iPad 这个东西的存在，我宁可每天多花时间和他一起阅读纸质的书籍，也不愿意他把时间浪费在玩 iPad 上。"她问我："你不怕你儿子上瘾吗？你没看到那么多孩子毁在电脑游戏上吗？"

我半开玩笑地告诉她:"我家机器人先生就是那种打游戏打到游戏厅老板都不让进的孩子(因为他打得太好了,一个游戏币可以打很长时间,而且其他人不敢跟他对打,所以游戏厅老板赚不了钱)。你看他后来不也没沉迷网络游戏不能自拔吗?"

完全不让小孩子接触 iPad,在我看来不是一个好方法,因为在现在这个遍地都是智能终端的年代,要想让孩子完全接触不到 iPad、智能手机谈何容易。你越是不让孩子看,孩子对于 iPad 的兴趣就越大。常言道:"得不到的,永远都是最好的。"这句话也适用于孩子。父母无理由地阻断往往会让孩子对于这些东西产生超乎寻常的渴望。大学里毕不了业的学生里面有很多都是因为游戏,而这里面很多学生都是因为大学以前被管得太死,对游戏的渴望积攒太久,而且自己也没有控制能力造成的。

我家先生一直是一个游戏高手。在读大学期间,即使脱离了父母的管束也完全没有沉迷于电子游戏。我问他原因,他说电子游戏对于他来说一直都不是一个"得不到"的东西,没什么稀奇和神秘的,各种各样的游戏他见得多了,因此反而不会上瘾。

iPad 被一些家长看成是"洪水猛兽",但是大家都记得"大禹治水"的故事,我们也都明白洪水是不能堵的,而是需要疏导。因此我个人认为对于 iPad 简单地采取"堵"的政策是不太合适的。而且在现在这个科学技术日新月异的年代,让孩子和科技完全隔离,很难说是一个好的方法。

## 第二个层次："疏"

我刚才提到了"大禹治水",当然大家都明白,洪水需要"疏导"。其实很多家长对于 iPad 的政策是严格控制时间:比如每天 15 分钟,每周 1 个小时等。

还有一些父母把 iPad 作为奖励手段,如果孩子做好了一件事情,或者取得了一定的成绩,就奖励看 iPad 的时间。和简单的"堵"相比,这些都是好很多的"疏导"的办法,也是更上了一个层次的做法。但是有没有更好的办法呢?能不能把 iPad 来为我所用呢?

## 第三个层次,也是我认为最好的方法:"用"

所谓"用",就是要把 iPad 很好地"为我所用",利用 iPad 的长处来对我们的孩子们实现在"高科技环境下的教育"。

iPad 如果用得好的话,可以让孩子学到很多比书本上更直观和真切的知识,而且还学得快!我们的孩子生活在一个科技日新月异的时代,孩子天生的好奇心驱使他们去发现世界上一切新鲜的事物,而正是这种好奇心的原始驱动力,使得人类不断地学习、进步,去探索一个又一个未知的领域。

美国的孩子在 Kindergarten(学前班)就开设了计算机课程,我曾经去做过几次计算机课程的志愿者,对于低龄的孩子来说,计算机的启蒙教育也是从玩一些电脑游戏开始的。

我先生曾经就职于美国苹果公司最核心的研发部门,参与了前几代 iPhone 的设计工作。他时常对我说:"乔布斯一直认为以 iPad 为代表的大屏幕智能终端会最终给我们的教育带来革命性的变化，我非常同意他的观点，我们要学会用好iPad、iPhone里面的东西来教育我们的孩子们。"

iPad的应用商店（App Store）里面有很多做得不错的应用（App），为我们提供了丰富的教育资源。

比如说，在我儿子开始学习时钟的时候，我就给他下载过一个一边玩一边认识时钟的应用，很快他就掌握了时钟的概念。

在他还很小的时候，我给他下载过一些拼图的应用，里面有上百张不同颜色、形状、图案的拼图，他很喜欢玩。经过一段时间，我发现他对物体的形状、大小，甚至翻转、上下对调都有很强的认知。

应用商店里面还有不少适合给孩子看和听的电子书籍，我曾经给他下载过一套适合儿童看和听的《漫画西游》的电子书，他非常喜欢。因为电子书籍结合了声音和特效，让书里的人物形象一下子变得更加鲜活有趣。

前段时间，机器人先生在让儿子背"九九乘法表"。对于在美国成长的儿子来说，背一个其他的孩子都不用背的九九乘法表是真的感到很无趣！他每次开始一会儿就没有了兴趣，不是说困、要睡觉，就是说饿了、渴了。反正他会找各种各样的理由来逃避。而且很多我们认为他已经背会的，一会儿就忘了。

我先生和儿子的典型对话是：

"六八多少？"

"六八——二十四。"

"不对！"

**素养决定孩子的格局：**
斯坦福妈妈把美式教育带回国

"六八——四十八。"

"你确定？"

"哦，那就五十六吧！"

我们也没有特别好的办法，觉得九九乘法表只能靠机械记忆，不断强化，因为我们小时候背九九乘法表的时候也是死记硬背的。

但是僵局这样被打破了：有一天，我先生回家以后很神秘地告诉我儿子，他有一个很好玩的 iPad 游戏，问他要不要试一试。我儿子一下就来了劲，开始抢我先生手中的 iPad。原来我先生在应用商店里面找到了一个不错的背九九乘法表的游戏，下载下来自己试了试觉得不错，就拿来给我儿子玩。这一玩，九九乘法表很快就搞定了。神奇啊！这件事再一次证明了兴趣才是最好的老师，我们只需要把无趣的事情变得有趣，孩子就可以学得很快。而从"无趣"到"有趣"，iPad 可以充分发挥其最大功效。

当然这些都是 iPad "友好的"一面，但是 iPad 也有它"邪恶"的一面！

就像现在我们大人都变成了手机一族一样，如果对孩子不加以限制，随便他们看 iPad 或者 iPhone 这些电子产品，则会对孩子的眼睛和身心产生很多的伤害。

如何解决这个问题？我的做法是：严格限制孩子看 iPad 的时间，并通过对 iPad 使用时间的控制来培养孩子的时间观念。

有人可能会说，严格控制孩子看 iPad 的时间？这说起来容易，做起来难啊！"你是没看到我儿子看到 iPad 两眼放光的模样，比看到老妈我还要亲啊！"

是的，现在大人带着孩子参加聚会的话，孩子们通常是人手一个 iPad。

要不 iPad 怎么会有"哄娃神器"这么一个光荣的称号呢！

不过，在限制我儿子看 iPad 这件事情上，我的确有不少的宝贵经验。虽然偶尔他也还会和我耍耍小聪明，但是在"人机大战"这件事情上，我基本是完胜的。下面就是我和他斗智斗勇得来的宝贵经验，实践证明我的这套方法还不错。

在我儿子刚开始接触 iPad 这类电子产品的时候我就开始和他立好规矩。他在拿到 iPad 后我会要求他打开倒计时器，一般是以 15 分钟为一个时间单位。15 分钟到了，会要求他关上正在看的视频或者游戏，并且再调 15 分钟的倒计时作为休息时间。在休息的这 15 分钟里，他可以做别的事情，看书或者玩他的玩具。休息 15 分钟结束后，他可以再一次打开 iPad 继续玩 15 分钟。以此类推！

一开始孩子可能很难那么自觉地严格遵守 15 分钟的时间规定。这就需要作为父母的我们，不断地强化他们的时间观念。刚开始训练他的时候，我会在旁边一直监督着。我通常会把 15 分钟又分成 3 个 5 分钟。第一个 5 分钟到了之后，我会在旁边提醒他，你现在还剩 10 分钟的时间。第二个 5 分钟到了之后，我又会再提醒他还剩 5 分钟。然后又把 5 分钟分成 5 个 1 分钟，不断地提醒他还剩多少时间。

这样做的好处在于，不断地给孩子心理上留一个预期和准备。试想，就算大人，在玩到兴头上的时候都很难戛然而止，孩子更是一样。不断地用倒计时的方法提醒他所剩的时间，给他在心理上留一个预期和准备，这样孩子在 15 分钟之后，就不会那么逆反地拒绝关掉 iPad。

因为休息15分钟之后，儿子又有了新的15分钟玩iPad的时间，所以从他心理上来说会抱着一种希望和等待，这样也会让孩子心甘情愿地遵守15分钟的时间约定。

当然，在建立这种良好的习惯之前，我儿子也出现过把倒计时间偷偷调到18分钟，或是偶尔"暂时性遗忘"休息时间这样的小伎俩，我通常也会"暂时性失明"，让孩子偶尔有点小自由。

经过我和我先生不断地强化时间观念，我儿子现在已经具有很强的时间观念，他清楚地知道5分钟、10分钟、20分钟大概是多长时间。而且每当时间到了的时候，他都会马上放下手中的iPad或者其他的游戏，一点也不会耍赖，这都是慢慢锻炼出来的！

我们的孩子生活在一个科学技术日新月异的时代，对于以iPad为首的高科技产品这股洪流，我们不能简单地采取"堵"的政策，我们需要"疏导"并加以"利用"，让我们的孩子享受到高科技带来的便利，并把他们充分地使用到我们的教育中来。相信有一天，我们的孩子会给我们带来一个又一个的惊喜！

# 别让孩子掉进学英语的几个大坑里

很多家长都很关心美国的孩子从小是怎么学习英文的。他们有那么好的英文环境，是不是学起英文来就顺风顺水呢？在儿子上小学之前我也和很多国内的家长是一样的想法，但是实际情况却完全不同。就像中国的孩子一样，虽然都具备了很好的中文环境，但是也并不是每个孩子的听说读写的中文能力都一样好。大家一直以来有一个认识误区，认为只要在美国待上几年，英文就完全没问题了。我想说的是，我也认识不少来美国很多年，英文照样表达不清楚的人。

其实任何一种语言，如果只是仅仅局限于日常的交流那是远远不够的。因为每种语言都有它内在的语言规则，只有掌握了这些规则再多加练习，才真正能够做到运用自如。

美国孩子学英文，就像中国孩子学中文一样，同理可推。虽然都是母语，但是都要经过系统的学习。我记得我上小学学语文那会儿，语法都是到了初中才开始系统学习的，比如说主谓宾、定状补。但是我没有想到的是，美国小学从一年级开学的第一周就开始系统地学习英文语法了。

**素养决定孩子的格局：**
斯坦福妈妈把美式教育带回国

虽然都不难，但是已经开始涉及正确的拼写、大小写及标点符号的运用。

以我儿子为例，他们小学一年级刚开学第一、二周就对语法进行了考试。我看了一下试卷，内容涵盖了订正书写。这其中包括了句子首字母需要大写；单词的正确拼写；去掉多余的词汇；运用正确的标点符号。然后就是分解句子，把句子分解成主谓语的形式；要求标出句子的主语、谓语和宾语；要求判断是短语还是句子，把陈述句转换成特殊疑问句、判断句子是哪种形式——感叹句（Exclamatory）、疑问句（Interrogative）、祈使句（Imperative）、陈述句（Declarative），并加上标点。

从这些卷子来看，美国孩子的英文教育从一开始就很系统。同时他们每周都会有拼写课和拼写考试，这个倒是和我们小时候默写汉字有异曲同工之妙。不过我问过儿子，如果拼写不出来会怎么样？他说也不会怎么样，老师说下次还有机会。我顿时"泪流满面"啊，要知道在我读小学那会儿，要是默写不出来汉字，等着我的将是每个汉字抄100遍的命运啊。我想很多家长看到这里都会陷入深深的回忆当中。

上面主要介绍了一些美国孩子学习英文语法的情况，但是在美国一年级的孩子学习英文的内容远远不止这么简单。我出国很多年了，在学英语这件事情上的确有很多的感受和经验。所以经常有朋友让我谈谈怎么能够学好英语。

其实在学英语这件事情上，很多人都有一个误区——以为出了国，英语就自然而然地变好了。非也！我就认识好多在美国华人公司工作的中国人，虽然出国很多年了，但是英语还是很差。他们虽然生活在美国，但是接触最多的还是华人，平时生活里都说中文，没有太多的机会说英文，所以英文水平一样不是很好。

首先英语和中文一样，都是一门语言，我们也不要把英语这门语言神秘化。其实从某种程度上来讲，英语是一门比中文更简单的语言。

但是即使语言学家普遍认为英语比中文好学，在我学习英语的这些年里，仍然迈过了一个又一个大坑，才练就了今天的"金刚不坏"之身。

那我今天就和大家聊一聊，学英语，别让您的孩子掉进这些大坑里！

## 一、语法坑

每一门语言都有这门语言特定的语法规则，英语也不例外。在国内，英语教育非常重视语法。我还清晰地记得我当时的英语高考试卷里，语法占了相当大的比重。

我至今都记得我的高中英语老师在讲解"out of question"和"out of the question"这两个短语的时候，我已经被完全绕晕了。

老师说："out of question 意为'毫无疑问'，是个副词短语，意思和 beyond question 相同。out of the question 意为'不可能'，是个形容词短语（相当于 impossible）。"

时隔这么多年，我仍然记得当时的场景，多一个"the"和少一个"the"意思截然不同。

因为这两个短语给我的印象太深刻了，以至于我曾经专门去问过我一个学习英语文学的美国朋友，看看他们到底是怎么解读"out of question"和"out of the question"这两个短语的。

我的这个美国朋友很吃惊地看着我，"你们中国人学英语还讲这些？连我们美国人都不讲的啊！"她说，"从语法上来讲，out of question 的确是'毫无疑问'的意思。而 out of the question 也确实是'不可能'的意思。但是，我们平时生活中不这么用啊，out of the question 太书面化了，我们一般都只说 impossible，这个多简单啊！"

她反问我："你们中国人学英语的目的究竟是什么？难道不是为了更好地和外国人交流吗？语言是一个桥梁，其实只要双方能够沟通，就已经实现了桥梁的作用了。不必这么在乎这些语法的条条框框！"

她的话真的让我有种"醍醐灌顶"的感觉，试想作为母语是中文的我们，平时生活里也不是每说一句话都会仔细分析"主谓宾，定状补"的啊！

英语语法不是不重要，但是我们也不要过分迷信语法，让所谓正确的语法结构束缚住自己，而忽略了真正学习英语的目的——为了更好地与人交流！

## 二、阅读坑

我在以前的文章里曾多次提到，美国可能是世界上最重视阅读的国家之一了。美国教育从幼儿园开始就不断地训练孩子的阅读能力，培养孩子阅读的习惯。

学习语言，是一个长期积累，从量变到质变的过程。美国孩子从一年级

## 第二章
### 学习为人父母，当好孩子的引路人

开始，每天就会有 20 分钟的阅读作业，有时还伴有阅读理解的题目。在每次的阅读理解题目里总会出现一些以前不认识的单词，而老师是不要求学生去翻字典查这些单词的意思的。老师会要求他们根据上下文的意思去推测，或者甚至是去猜这些单词的意思。

我记得在高中学习英语的时候，我的老师强调让我们弄清楚每一篇文章里每个单词的意思。遇到生词就去翻字典，弄清楚这个词的含义，并且要在旁边标注起来。

我曾经和我儿子的英文阅读老师讨论过遇到英语生词是否该查字典这个问题。她说在培养孩子的阅读习惯时，最重要的是培养他们的阅读兴趣，让他们能够对整个故事有一个大概的了解，并且保持他们阅读的连贯性。如果孩子每遇到一个生词就去翻看查阅字典，那无疑会中断他们对整个故事的理解。不仅如此，还会让孩子养成对字典的依赖性。

孩子只要能对整个故事有个大致的理解，哪怕不认识故事里面的几个单词，也不会对整体的阅读产生影响。而且孩子在阅读的过程中不去翻看字典，而是根据上下文推测那些不认识的单词，这非常有利于培养他们的阅读习惯。不仅如此，每一个英语单词在不同的语境下会有不同的含义，只是简单地翻看字典，并不能准确地把握这个单词在特定语境下的意思。这样也不利于孩子完整地理解整个故事的大意。

英语阅读老师的一番话让我恍然大悟，难怪我读高中时密密麻麻标注在文章里的那些生词，到头来记住的没几个，的确与这个原因有关。

## 三、口语坑

我记得刚到美国斯坦福大学读硕士研究生的时候，口语一开始是我最大的困扰。我们当时的很多课程，最终成绩是按照 20% 的期中考试 +40% 的期末考试 +40% 课堂发言，加权得出的最后成绩。因为有很多课程是案例分析，要求我们在课堂上看完案例之后，进行课堂讨论。

我是班上少有的外国学生，面对一屋子英语是母语的同学，要和他们在同样短的时间里阅读完资料，进行课堂讨论，常常让我觉得很抓狂。因为最终成绩有 40% 的比例是课堂发言，所以就算是期中、期末考试考得再好，课堂发言没有足够好的表现，也是无法获得良好的最终成绩。

因为英语不是母语，一开始我常常需要在心里反复练习好几遍才有勇气举手发言，不仅如此，我还会反复确认自己所说的话中是否有语法错误。而这样纠结的结果往往是被美国同学抢去了发言的机会。

我把我的苦恼告诉了我的任课教授——一位非常慈祥、功成名就的法国老教授。他听完我的苦恼，哈哈大笑，他说他曾经也和我有着同样的经历。

他的母语是法语，所以刚到美国的时候也在口语上非常的困扰。他说后来他发现，完全不需要在乎口音、语法啊这些细枝末节，你只要大胆地敢于表达，其实很多时候，母语是英语的同学完全能够听得懂。

他半开玩笑地对我说："你看，我到现在英语还是夹杂着浓浓的法国口音，但是这并不妨碍我和人沟通，表达我的学术观点呀。英语是一门语言，而语言的最终目的就是和别人沟通与交流，只要敢说、多练，你的口语一定会突破这个瓶颈的。"

多练习、"脸皮厚"、大胆说，把自己完全沉浸在英语的语境里是提高英语口语的撒手锏！现在中国的很多孩子趁着出国旅游、游学的机会也可以和母语是英语的人多多交流。

# 第三章

# 从幼儿园开始，
# 掌握受用一生的学习能力

幼儿园是孩子进入集体生活的第一个阶段，也是孩子在人生中系统学习知识的起点。在美国，幼儿园以培养孩子的社会性为主。简单地讲，就是在保护孩子天性的基础上培养孩子独立生活的能力及社交能力，为未来他们步入社会打下最初的基础。

素养决定孩子的格局：
斯坦福妈妈把美式教育带回国

# 让孩子爱上知识的幼儿园教育

　　幼儿园是孩子进入集体生活的第一个阶段，也是孩子在人生中系统学习知识的起点。在美国，幼儿园以培养孩子的社会性为主。简单地讲，就是在保护孩子天性的基础上培养孩子独立生活的能力及社交能力，为未来他们步入社会打下最初的基础。

　　相比较国内孩子从幼儿园开始就报各式各样的兴趣班而言，美国幼儿园的孩子就要轻松很多了。他们的课程主要以玩为主，回家也没有什么家庭作业。当然，经过细细研究和观察，我发现，美国孩子在幼儿园并不是漫无目的的"瞎玩"，而是在老师的引导下一点点地学会与人交流、和别人分享、不断地提高自理能力，为将来进入小学做好准备。

　　那么，美国幼儿园老师都有哪些技能我们可以学习呢？下面就让我们一起来活学活用吧。

## 从小培养孩子的纪律性

不要看美剧里的孩子上课都是散漫、毫无纪律的样子，其实美国幼儿园跟中国的幼儿园一样，会要求孩子遵守课堂纪律，培养孩子的纪律性。在遵守纪律这方面，美国老师和中国老师是一样重视的。

幼儿园里不仅有课堂纪律的规范，还会用形象的图画教育孩子们正确的听讲方式。不管是和父母沟通还是在学校与同学、老师交流，学会倾听都是非常重要的！如果孩子在课堂上打断老师说话，是会被批评的。

一个好的听众应该怎么做？

1. 脸面向前方；
2. 眼睛看着说话者；
3. 手放在膝盖上；
4. 两腿交叉放平；
5. 举手回答问题；
6. 认真思考所听到的内容。

## 每天制定学习重点

美国幼儿园里通常会有一个"每日关注"（Daily Focus）的区域，上面会有孩子们需要掌握的单词、数字、形状和词汇等知识，一是让老师每天的教学有针对性；二是可以让孩子们知道他们每天需要学习的内容。并且，每个去接孩子的家长也可以对孩子每天的学习内容一目了然。

## 每日阅读必不可少

美国是一个非常重视阅读的国家。不管是什么年龄段的孩子，阅读都是他们学习中很重要的一部分。从幼儿园开始，老师就会给孩子制定每日阅读计划。每个星期的前几天会有老师辅助孩子进行阅读，而通常周五就是孩子自主阅读的时间。

老师对孩子们阅读的环境也很重视，要求孩子们把属于自己的物品摆放整齐。细节决定成败，教会孩子注意这些细节也是非常必要的。

通常老师会把孩子们阅读的书籍按难度分类整理好，即使在同一个班级里，每个孩子的阅读水平也会有所差别。因材施教，给不同阅读水平的孩子安排不同难度的读物，让每个孩子根据自己的节奏不断地进步。

## 在游戏中学数学

在中国，据我了解已经有越来越多的幼儿园采用一些非常有趣的方式来教授数学。在美国，幼儿园老师会利用手边所有的工具、玩具来培养孩子对数字最初的感知。

比如说老师会用美国孩子都爱吃的小鱼饼干作为"诱饵"，"引诱"孩子学习10以内的数字。想象一下"小吃货们"一边做数学，一边偷吃小鱼饼

第三章
从幼儿园开始，掌握受用一生的学习能力

干的场景真是很有趣呢。

变废为宝。把废弃的矿泉水瓶涂上不同的颜色和写上不同的数字，并把不同颜色的小球投进相应的水瓶中，这个游戏可以培养孩子对颜色的识别、分类及简单的计数能力。又或者用孩子们最爱的乐高来比较数字的大小，把玩具变成教学工具，这种新技能各位爸爸妈妈们有学到吗？

我在以前的文章里有提到过，美国老师鼓励孩子们用一切可以想到的办法来解决问题。比如自带的"工具"——手指头。当然，夏天的话，脚趾头也可以派上用场。让孩子们充分发挥想象力，看有多少种方法可以解决同一道数学题。比如用手指画格子、画数轴、心算等。美国老师常常会提一些开放式

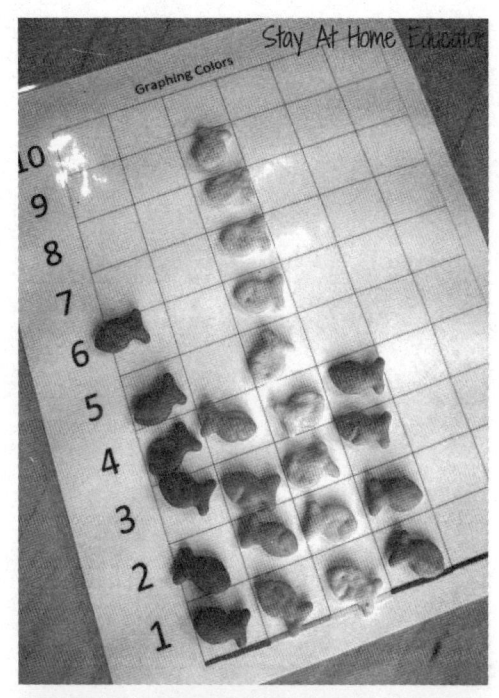

的问题，而答案通常不是单一的。美国幼儿园鼓励孩子天马行空的想象力，细心呵护他们的创造力，我想这也是当他们长大后，脑洞大开，不断创新和敢于挑战权威的原因。

## 趣味方法学英语

美国孩子记忆单词，并不像我当年考托福和 GRE（出国英语考试）那样拿着一本"红宝书"从 A 开头的单词一直背到 Z，而是把相同形式的单词归类成一组，一组一组地记忆。比如把 cat、map、ram、van、rat、wag、cab 这些具有相似性的单词排列在一起，把它们相同的元音标示出来，配以图画，孩子们就能比较容易地记住每个单词的意思，并且还能联想类似的单词有哪些，分别是什么意思。

又或者如下图，把都是 P 开头的单词放在一起，让孩子们一起记忆。这样做的好处在于，看似是发散的思维，但其实有一条主线，单词与单词之间有一定的相关性。孩子在记忆单词的时候就不再是只记忆一个单一的词汇，而是记住了一串相似的词汇。或者用一个带字母的"魔法"汤勺，可以和每个组合产生不一样的单词，这样真的可以让孩子在短时间记住一系列单词呢！

用乐高玩具除了教数学还能教英语。比如让孩子把最后两个字母相同的单词搭在一起，分类搭好后，孩子对这样的每一组单词还会记不住吗？

第三章
从幼儿园开始，掌握受用一生的学习能力

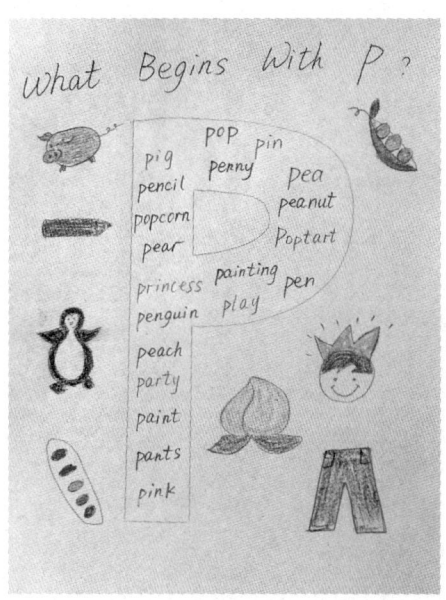

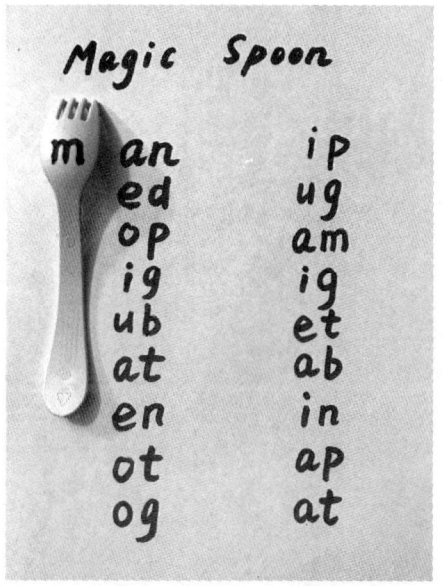

看完上面这些美国幼儿园老师的技能，您有学到几招吗？

美国幼儿园非常重视寓教于乐，在玩中不断激发孩子的学习兴趣，在适当引导的前提下，保护他们的天性，让他们爱上阅读、爱上知识。幼儿园是孩子成长的一个里程碑，他们从这里开始一步步走向自己的人生！

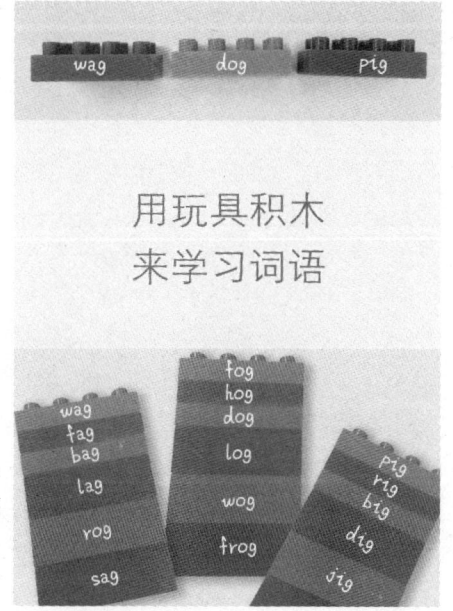

用玩具积木
来学习词语

**素养决定孩子的格局：**
斯坦福妈妈把美式教育带回国

# 鼓励开拓思维的美国小学教育

虽然在美国生活了很多年，但是在儿子没有上小学之前，对美国的基础教育完全一无所知，加上被网络上流传的各种鸡汤文洗脑，觉得美国的基础教育简直一塌糊涂。中国很多教育专家常常提到的"美国孩子三年级还在扳着手指头做加减法，美国孩子下午三点就放学回家开始玩"，是我最初对美国小学生的印象。

直到我儿子背着小书包开始了他的小学生涯，作为一名在朋友圈里出了名的放养妈，我对三年级还扳着手指头做加减法的美国小学教育是不屑的。既然那么简单，那就正好放养吧，我对孩子的爸爸说"至少咱儿子还不至于笨到三年级还不会加法"。孩子的爸爸大笑，"没事，手指头不够还可以加上脚趾头，至少会20以内的也不错啊！"

这样一晃，大半个学期快结束了。要不是我有一天心血来潮翻了一下儿子的书包，估计也就不会写出这篇文章了。这不翻不要紧，一翻我的眼珠子都要掉出来了。儿子书包里已经攒了厚厚一摞卷子，什么科目都有，还挺全乎儿。地理、数学、逻辑、拼写、作文、科学、计算机、语法、阅读、演讲，

第三章
从幼儿园开始，掌握受用一生的学习能力

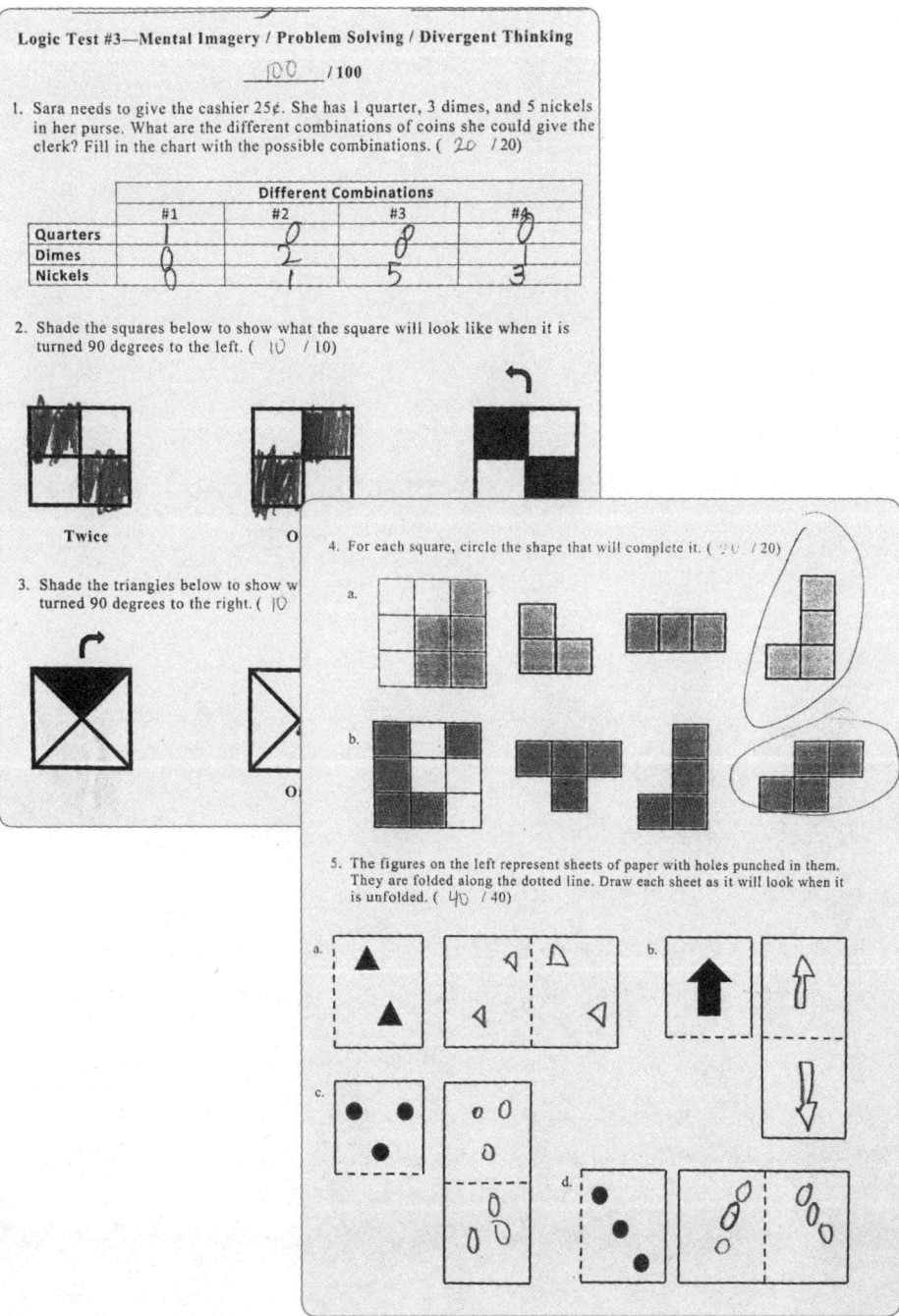

167

素养决定孩子的格局：
斯坦福妈妈把美式教育带回国

通通都有涉及。上图就是一个美国小学一年级的孩子，在开学刚三周的时候考的一份逻辑卷子，天呐，谁说美国小学很轻松？首先让我们先来大致解读一下这张卷子。

第一题：2毛5分钱，给你1个2毛5、3个1毛、5个1分，问你有多少种方法可以凑够2毛5。这道题已经上升到排列组合的范畴了。（这里解释一下：美国的硬币除了和中国的一样，有一分、五分、一毛之外，还有另外一种叫Quarter，也就是两毛五，这是美国使用得最多的一种硬币了，很多时候停车投币只收这一种。）

第二题和第三题：都是给出一个图形，让孩子按照一定的方向翻转。这是考察孩子的空间想象能力吧？

第四题：找出左图中缺的那一块，答案还给变了一下角度。考察的是图形识别及一定的图形组合的能力。

第五题：一张纸对折，一面打洞，然后问你这张纸摊开了以后这些洞的位置是怎么样的。这也完全是一个空间想象的题目。

现在我敢大胆地说，那些说美国小学轻松的"专家"，十有八九都是自己的孩子没在美国上过学的。看完这些题，我一个健步飞奔到在搭乐高的儿子身边，开始询问起老师在课堂上是怎么教他们的。

儿子说老师上课的时候会真的给他们钱，然后让他们自己排列组合。考试的时候如果有同学不会做，老师会立马掏出几个硬币让孩子自己扒拉扒拉。尤其最后一个题，老师允许他们运用手里能找到的工具解答。比如，他看到隔壁座儿的同学把作业本纸扯下来打洞洞，我说考试时这样可以吗？儿子一

## 第三章
从幼儿园开始，掌握受用一生的学习能力

脸迷惑地看着我说"Why not"？

这不禁让我想起了多年前自己刚进美国斯坦福大学念研究生的一件往事。当时刚进校没多久，不知天高地厚的我选修了一门需要很多公式推理和演算的课程。平时的作业还好，快到考试时要准确无误地记住那么多公式可就让我犯了难。谁知在考试前的最后一堂课上，教授宣布"考试时每个人可以夹带两张A4大小的纸，上面随便你写什么。而这两张纸有一个专门的名字就叫"cheating sheet"（作弊纸）。我当时简直不敢相信自己的耳朵，"cheating sheet？Are you kidding me？（你在开玩笑吧？）"这是要考啥呢？要知道考试时抄袭、夹带在我以前三十多年的人生经历中可是"十恶不赦"的大罪啊。

我至今都记得当时教授的表情，他说："哈哈，这是你们进斯坦福的福利，别的学校可没有哦！你们大可把你们想抄的公式啊，作业啊，统统都抄在上面，两面都可以，字写成针头那么大也行。不过你们要相信，我出的题目你们肯定不是直接套公式就可以解答的！我教授这门课的目的不是让你们机械地去死记硬背一些公式，现在网络这么发达，网上什么公式找不到啊！我是要让你们真正对这些公式运用自如。"

美国学校鼓励孩子通过一切尽可能的方法解答问题，而不是仅仅给出一个标准答案。老师也不会让孩子死记硬背，而是让他们开动脑筋运用身边可以获得的资源、工具去创造一些方法。尽管有时孩子的思维天马行空，但是老师仍然鼓励他们不断地去探索，同时还会给予他们一定的引导。

素养决定孩子的格局：
斯坦福妈妈把美式教育带回国

# 在玩中学，让孩子学习地理不再枯燥

说实话，我现在都已经记不清在我上小学的时候有没有地理课了，实在是太久远了。至少初中是有的吧，但是我印象深刻的其实是我的高中地理老师。为什么对这位老师印象如此深刻？是因为他不仅教得好，而且在课堂上"侃"得好。上他的课基本就跟听郭德纲相声一样，加上他丰富的肢体语言，眉飞色舞，坐在第一排的同学经常会被他的"唾沫"袭击。

为什么说他教得好呢？是因为他真的能够把地理这门学科和我们息息相关的生活联系在一起，而且可以用一种浅显易懂的方式让学生记住很多地理知识。

我至今仍然记得在学世界地理的时候，他把很多国家的地图让我们想象成一些具有具体形象的东西，我们很快记住了。

美国的孩子从幼儿园就开始接触地理知识，当然都是一些很浅显的知识，等到上了小学一年级就要开始正式系统地学习地理知识。

美国和中国一样，是世界上面积最大的几个国家之一，地理位置得天独厚。有着两条漫长的海岸线，东西都紧挨着两个大洋。而且整个美国国土海拔都不算高，可以使用的耕地面积非常丰富。以前学中国地理的时候，老师总爱说"中国地大物博，物产丰富"。但是到了美国，我才真正体会到什么叫作"地大物博、物产丰富"。

作为一个孩子，无论生活在哪个国家，了解自己所居住的国家、环境、各种资源对他们都是很有益处的。美国孩子的地理当然也从了解整个美国开始。美国历史不算长，从1776年7月4日建国到现在，才几百年的历史。这个和我们中国上下5000年的历史比较起来，简直太小儿科了。但是所幸在美国的本土没有发生过任何一次世界大战，所以和曾经满目疮痍的亚洲比，的确没有经过战争的摧残。

翻开孩子的地理课本，第一页是概述美国的历史。身为中国人想想蛮自豪的，美国使劲往前追溯也就到1000年前，零零散散的一些印第安土著占据着这么大的地盘，而那时的中国已经非常发达了。第二页是美国的整个行政区域划分的地图。美国目前有50个州、一个联邦直辖特区及若干境外领土。这其中包括了1967年从沙俄手里买过来的阿拉斯加。（美国人真是慧眼识珠啊，如果当年没有购买阿拉斯加，估计现在北极附近的石油也没美国的份了。）

对整个国家有一个大致的了解之后，然后就是对美国的各个州逐一学习了。第一个州就是我们生活的加利福尼亚州。加州面积位列美国第三；人口位列第一。在地理、地貌、物产、人口构成方面都具有多样化的特点。因为曾经被西班牙人统治过，所以现在的很多地名都还是保留着西班牙语。历史上曾经发现金矿，所以又有一个别名叫"金州"（篮球迷们对"金州勇士队"应该不陌生吧）。

**素养决定孩子的格局：**
斯坦福妈妈把美式教育带回国

　　加州是典型的地中海式气候，也就是大家通常所说的"冬暖夏凉"。我在网上查了一下，全世界只有地中海沿岸地区、黑海沿岸地区、美国的加利福尼亚州、澳洲西南部伯斯、南部阿德莱德一带，南非共和国的西南部，以及智利中部等地区属于地中海式气候。地中海式气候形成的原因，简单地说，就是夏天北冰洋的寒流会导致降温，冬天赤道的暖流又会导致升温。由于这种特殊的气候，所以加州的水果很有名，最著名的就是加州橙子，除此之外，加州还出产葡萄酒，Napa（娜帕）就是著名的酒乡。

　　加州有两个著名的城市，一个是旧金山（因为以前金矿挖完了，金山就成旧的了，它还有一个名字英译过来叫圣弗朗西斯科），另一个是洛杉矶。

　　我儿子的第一次地理考试考的内容就是关于加利福尼亚州的。他当时考得不是很好，他们学校规定75分以下要把试卷拿回家给父母过目签字。试卷要求学生要写出完整的句子，但是他根本没领会题目的意思，每个题都只写了几个单词，所以被老师用红笔批注了。

　　这张卷子的第一题是完成加州的地形；第二题问加州哪个地方的土壤最肥沃及原因；第三题问的是地标和地貌的区别；第四题问为什么整个加州的气候不一样；第五题问选择一个加州或者附近的水体，解释你怎么能够通过它来生存？

　　儿子每周都会有各种各样的小测试，但是老师并不要求孩子们需要在家复习，也不需要父母监督准备，只是为了检查他们是否掌握了这些知识。所以考试对于孩子们也没有什么压力。

　　让孩子在玩中学，也是美式教育的一个很重要的部分。我有一次去朋友

第三章
从幼儿园开始，掌握受用一生的学习能力

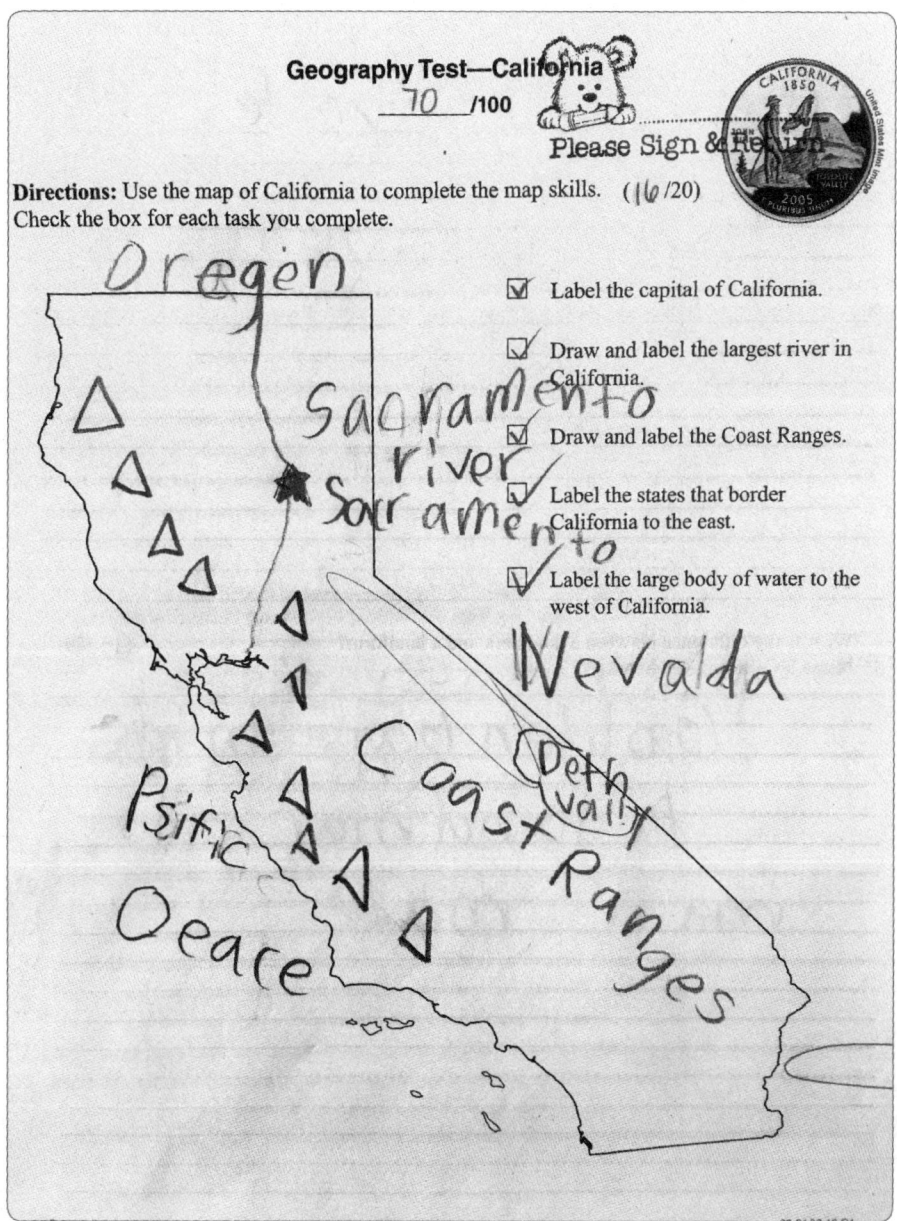

儿子的地理试卷

173

**素养决定孩子的格局：**
斯坦福妈妈把美式教育带回国

家做客，无意中发现墙角有一个他儿子做的手工作品，是用黏土和细沙做的加州立体地形图。我觉得老师的这个教课方法特别好！孩子看似在玩黏土和沙子的同时，不知不觉就记住了加州的整个地形地貌。国内的家长们可以试试这个方法。

在美式教育里，学习不是枯燥无味的机械式记忆，老师通过各种方法引导孩子在玩耍的不经意中就学到了很多有用又有趣的知识。激发他们的兴趣，让他们时刻保持对未知事物无穷无尽的好奇心，是每个家长和老师最应该珍视的。

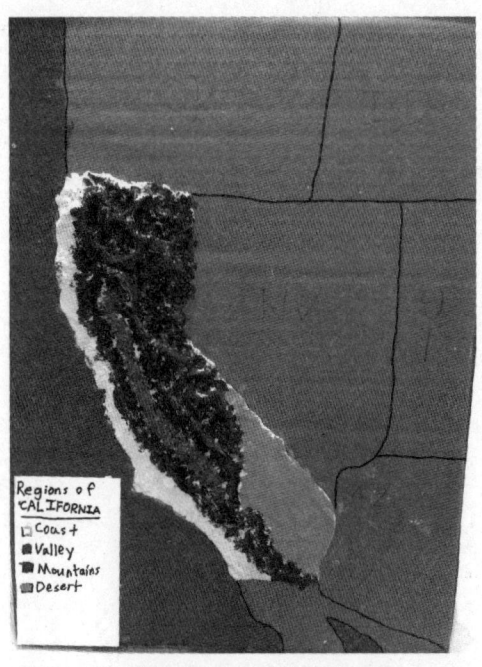

用黏土和细沙做的加州立体地形图

# 独特的科学课堂：从引力波到科学探索方法

100年前，有一个怪老头运用他超人的脑瓜从广义相对论推理出了一种叫作"引力波"的东西，这个怪老头的名字叫作"爱因斯坦"。但是这个叫作"引力波"的东西到底存不存在，我们普通人一直没有弄明白。

有一天，我7岁的儿子回到家，很兴奋、很神秘地跟我说："妈妈，你知道引力波吗？老师今天说它被证明出来了哦！""啥波？""引力波！妈妈，你不知道吗？"儿子接着说："引力波是爱因斯坦在100年前提出来的一个假说，然后科学家们用了100年做实验才证明了它的存在！老师说引力波具体是什么，我们现在还理解不了，不过她说科学家用来证明引力波所用的科学方法和我们上课讲的差不多，都是先提出一个假说，然后做实验，采集数据，最后得出结论……" 正在切菜的我，惊讶得差点一刀下去切掉我半个指甲。我没想到这几天被刷屏的大话题——引力波，在美国居然连一个7岁的孩子都知道，而且还和我大谈科学方法。

晚上孩子的爸爸回家，儿子一直缠着他爸爸问"引力波"。虽然我不知道一个7岁的孩子到底能够理解多少，但是我相信今天在学校里老师提到的

**素养决定孩子的格局：**
斯坦福妈妈把美式教育带回国

"引力波"这个词，他肯定记住了。我很吃惊的是，美国学校的老师会跟这么小的孩子提到这么深奥的物理概念。从这件事情可以看出来，至少老师对于每天世界上最新的科学探索事件是关心的，也是乐于引导和传播给孩子们的，而且还能联系到课堂上的内容，真是不容易。

在中国，老师对于知识的讲授，更多的是对前人留下来的知识结论的归纳和总结。而在美国，老师更强调方法的传授。何为科学方法论？先看一下我儿子的一场关于"细菌"的科学汇报吧。首先老师提出了一个问题，教室里哪里细菌最多？于是孩子们分别提出了他们的假说——有的说地板最脏，所以地板上的细菌最多；有的说教室里的试验台上细菌最多，更有个别孩子甚至说门把手上细菌最多。但是提出了假说之后，孩子们需要证明他们的假说。

接着孩子们在老师的帮助下做出了一个计划：把地板上的细菌数量和试验台上的细菌及门把手上的细菌数量进行比较。

怎么比较呢？显然肉眼是看不到细菌的，但是老师并不提供显微镜给他们使用。老师告诉他们，有些东西直接无法测量的时候，可以用间接的办法，最后在老师的引导下，小孩子们得到了下面的实验计划。

先用三块干净的试纸分别擦地板、试验台和门把手，然后把试纸上擦到的东西移到培养皿里面密封起来。接着把培养皿放在一个台灯下面照射 3 天保持温度。3 天以后便可以用肉眼直接观察细菌的数量了。 另外，为了防止实验的误差，老师叫小朋友们每个实验做三次，这样可以防止一些偶然因素对实验结果的影响。所以地板细菌、试验台细菌和门把手细菌的培养皿各有三个。下面的图是孩子们最后的实验结果。

第三章
从幼儿园开始，掌握受用一生的学习能力

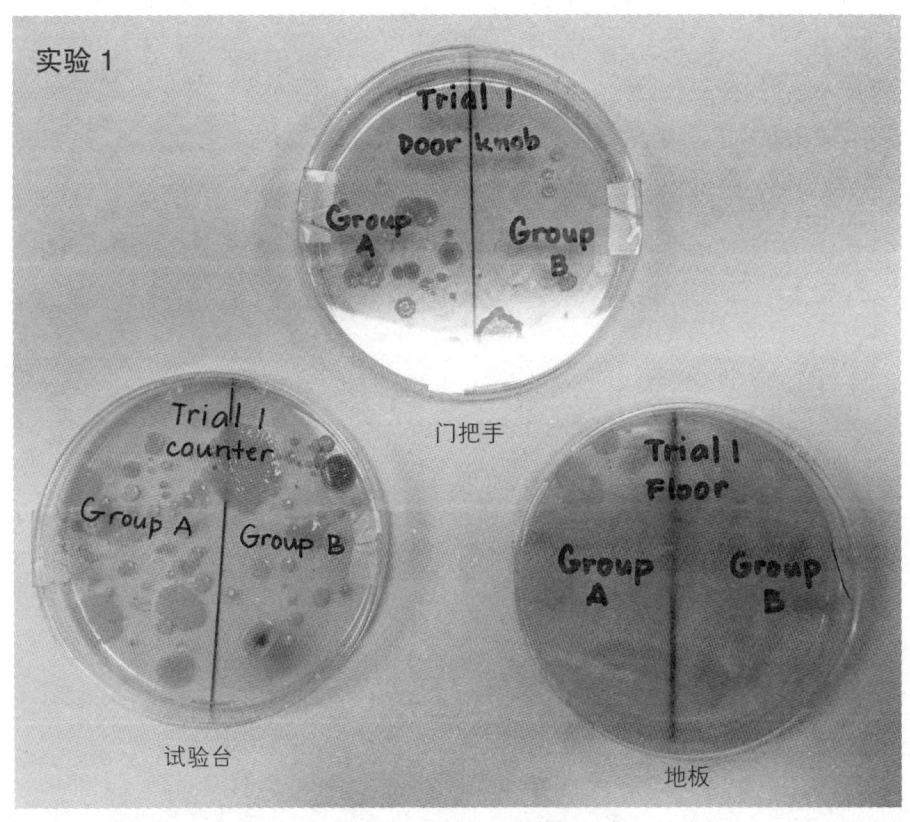

实验1

门把手

试验台　　　　　　　　　　　　　地板

素养决定孩子的格局:
斯坦福妈妈把美式教育带回国

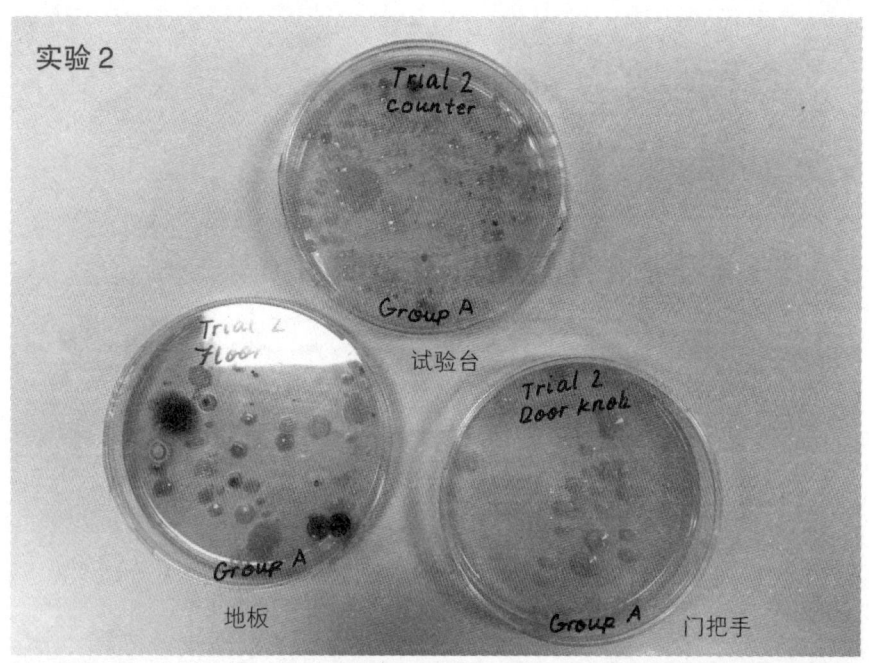

实验2

试验台

地板　　　　　　　　　　门把手

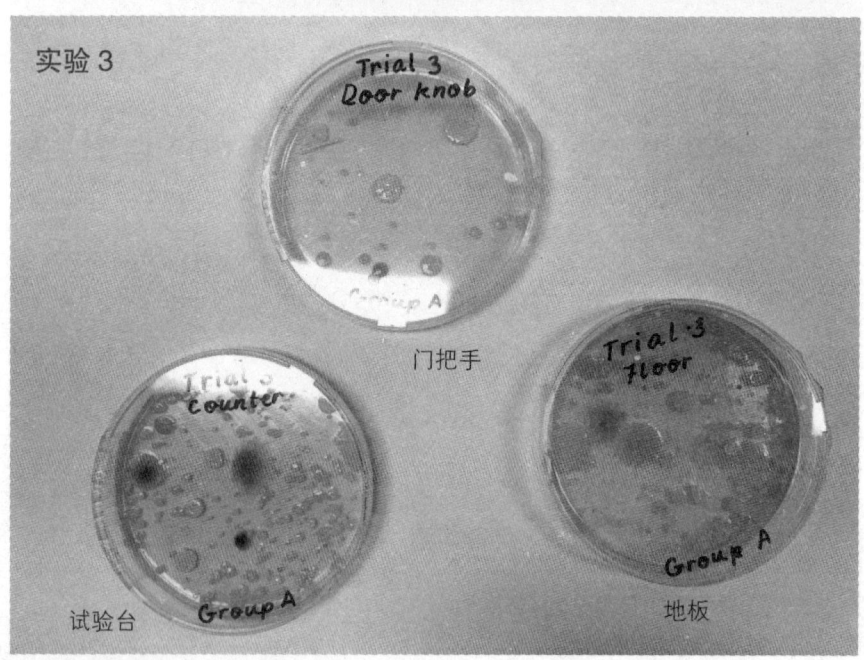

实验3

门把手

试验台　　　　　　　　　　地板

# 第三章
## 从幼儿园开始，掌握受用一生的学习能力

这张图是我儿子自己绘制的实验结果图表。

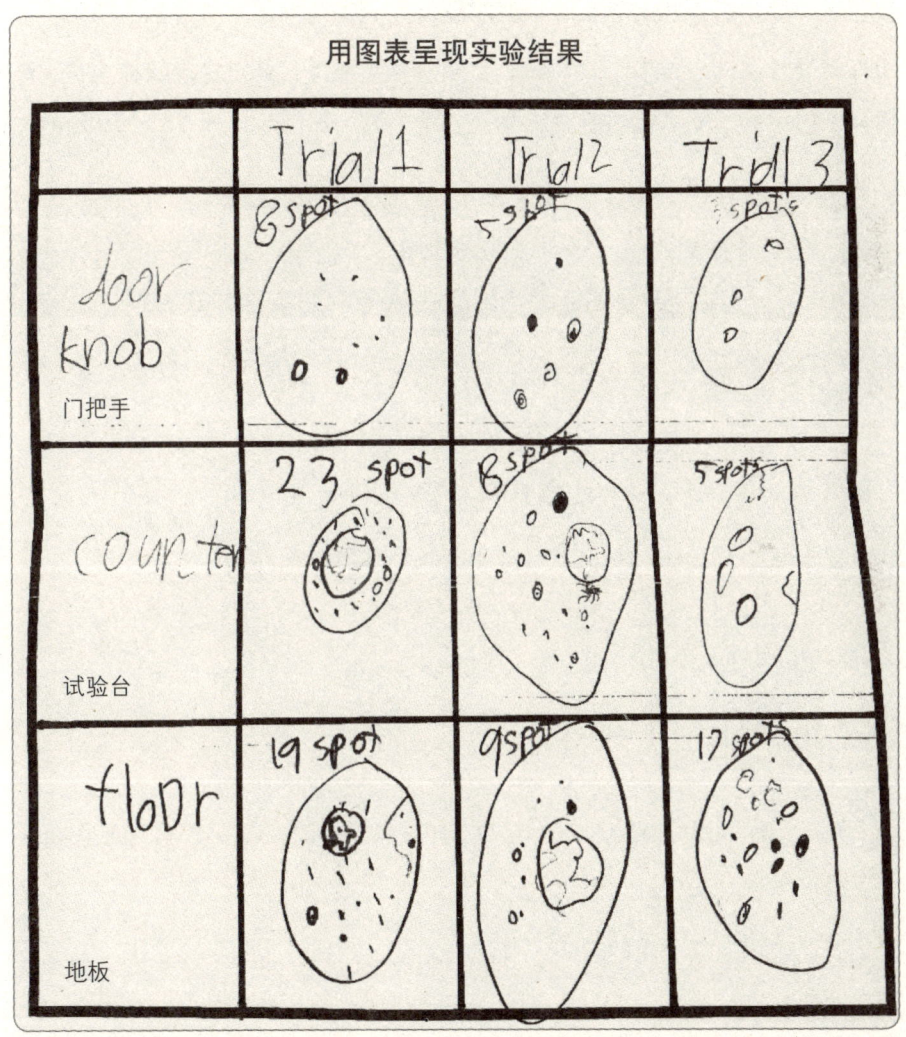

听完汇报回来，孩子的爸爸一直在感慨中国和美国在科学教育方面的巨大差别。孩子的爸爸是朋友眼中的学霸，在美国斯坦福大学拿到了博士。他说在他受教育的过程中，就算在大学里，老师也没有把科学方法独立拿出来讲的，而美国小学一年级老师就开始讲了。而且这一套方法，就算是在做博士毕业论文的时候，也是一脉相承的。

---

**美国小学课堂上老师教会孩子们的实验方法**

1. 阐述问题（你想发现些什么？）
2. 形成一个假说——可以是一个猜想（你设想会发生什么样的情况？）
3. 计划——（你需要那些材料来完成你的实验）
4. 过程（一步一步地列出过程去测试之前的假设）
5. 结果（最后发生了什么样的情况）
6. 结论（从中学到什么？问题的答案是什么？你之前的假设正确吗？）

---

孩子们除了每个人会分别上台进行汇报之外，还需要分工合作制作科学实验展板（见 P181 页）。汇报结束后，儿子兴奋地告诉我，哪一部分是他做的，甚至哪几个细菌是他画的。看得出，孩子们从这次科学实验中学到了不少东西。

中美教育在很多方面存在差异性，美国有很多不错的教育理念值得我们借鉴。我相信现在中国应该已经有不少学校开始借鉴这些东西了。在对中美

科学实验展板

教育差异性进行思考的时候，我最大的体会是，美国教育很多时候是让孩子们带着问题主动去寻求答案，而这个答案很多时候都不一定是标准答案。而中国的教育更适应于一个权威的统一标准答案。

此外，美国老师会把深奥的引力波的证明和小朋友做的关于细菌的科学实验联系在一起，让他们觉得自己做的东西在某些地方和伟大的科学家是相似的，这会大大提高孩子们的兴趣。我想就这一点来说，老师真是费了一番苦心。

# 看似简单却包罗万象的美国小学数学

美国小学数学教得简单是一直被大家所诟病的，所以常常会流传着美国小学生三年级还在扳着手指头做数学题的流言。我相信这确实不是空穴来风，毕竟数学这门学科不是所有孩子都能够学得轻松的。

儿子的数学卷子拿回来一摞，我大致翻了一下，就四则运算来说的确不难。我相信国内很多孩子在幼儿园的时候就已经能够做 100 以内的加减法了吧。下面这张卷子是儿子开学快一个星期之后的四则运算考试，具体来说只有加法，还是 15 以内的。

但是，同一阶段的另一些数学卷子却让我觉得在看似简单的卷子里，其实包含了各种最基础的知识。比如：第 1 题是一道最简单的应用题，但是孩子首先得读懂题目。我问儿子是不是每个单词都认识，他说不是。但是老师让他们能够抓住题目的核心，他只需要认识 "five pages（7 页），added（加），two pages（2 页）" 就可以了。而对于其他的细节，到底是 "马修还是汤姆"，那都无关紧要了。

第 2 题是让孩子学会认识温度计。这个与我们的日常生活息息相关。儿子说老师上课在讲授温度这个概念的时候，还会涉及人的正常体温，比如人发热时的体温，什么样的温度该穿什么样的衣服等概念。第3题是让孩子把三个图形平均分成两半。这是对图形分割、组合的考察。第5题已经引入了分数的概念——1/2，1/3，1/6等。

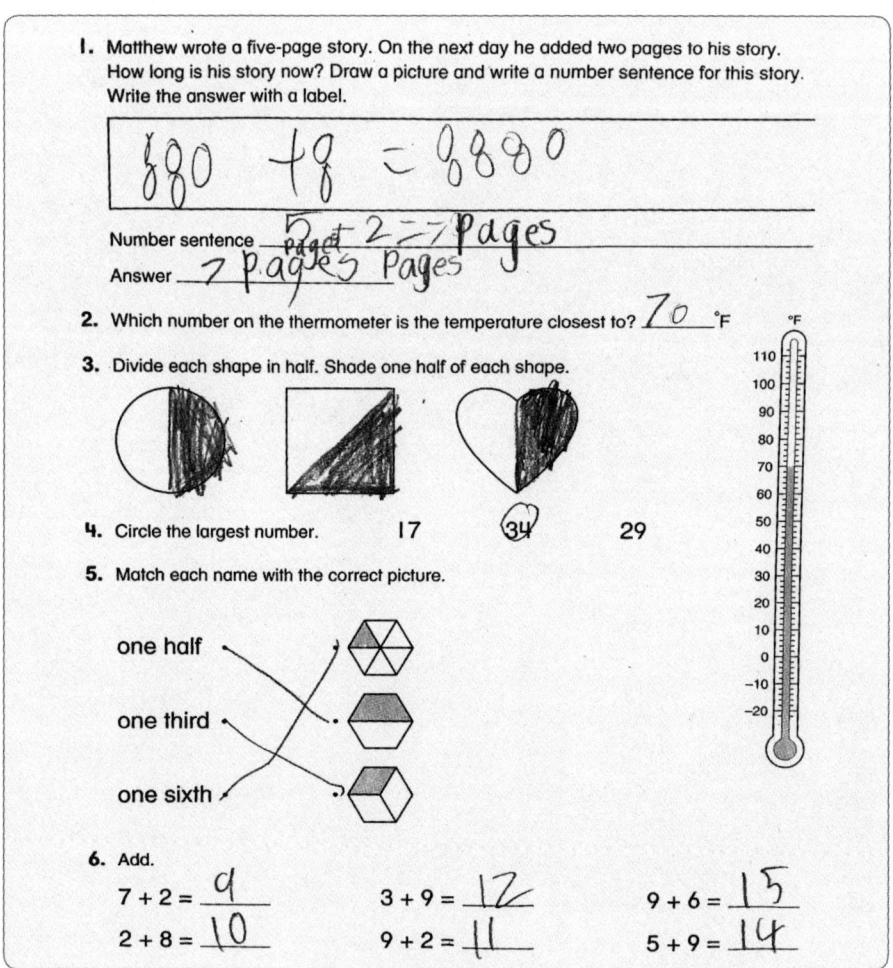

第三章
从幼儿园开始，掌握受用一生的学习能力

另外一张卷子中：

第1题：引入了日期、年月日的概念。

第2题：找图形的规律。

第4题：孩子们开始学习时间的概念。

1. Use the class birthday graph to answer the questions.
   How many children have birthdays in September? 2
   Which month has the most birthdays? June

2. Continue the repeating pattern.
   □, ○, □, ○, □, ○, □, ○, □, ○

3. What number is one more than 34? 35
   What number is one less than 54? 53

4. Write the digital time.
   10:00

5. Fill in the missing numbers.

| 1 | 2 | 3 | 4 | 5 | 6 | 7 | 8 | 9 | 10 |
|---|---|---|---|---|---|---|---|---|----|
| 11 | 12 | 13 | 14 | 15 | 16 | 17 | 18 | 19 | 20 |

**素养决定孩子的格局：**
斯坦福妈妈把美式教育带回国

总体来说，美国小学特别是低年级对数学的要求不高，但是内容却包罗万象，老师讲授数学知识的时候也会联系实际生活，毕竟数学这门学科要真正地和生活结合才能让孩子体会到学数学的乐趣。

大家普遍有一种感觉就是中国孩子的数学基础比美国孩子强，或者说至少解那些深奥的奥数题目中国孩子是非常在行的。美式教育当中，不会一味地强调让孩子们做大量的题库，刷很难的奥数题，更多的则是去引导孩子们发现在与我们息息相关的日常生活中有哪些和数学相关的知识。当孩子们开始把数学和日常生活联系在一起的时候，数学就不再枯燥无味，而是变得生动有趣了。

# 重质不重量的家庭作业

有许多朋友问我:"美国孩子每天的家庭作业是怎么样的?"那我就来谈谈美国孩子的家庭作业吧。每周一,老师会给孩子发一张上面印有孩子一周作业的清单。

老师没有硬性规定家长每天必须给孩子检查作业。我一般会在周一的时候大致扫一眼他们这一周都有哪些内容,做到心里有数。每天放学接儿子的路上,我会让儿子一边回忆一边告诉我在学校里发生的事情,有时是学校里一些有趣的事情,有时是一起复习一下当天所学的知识。

美国学校一般3点就放学了,但是作为像我家这样的双职工家庭来说,3~6点孩子的另一个去处就是Afterschool(课后班)。课后班一般会有固定的时间要求孩子们完成当天的家庭作业,然后再进行其他的课外活动。和中国孩子繁重的作业负担比较起来,美国孩子每天的家庭作业简直少得可怜。低年级的孩子每天的作业量差不多是半小时之内可以完成的,一般会有四页作业。分别是:数学四则运算、数学综合习题、语法和阅读。

数学非常简单,现在仍然是16以内的加减法。例如,让孩子们找出加减法里计算错误的题，并加以改正。除了计算题，还有应用题，如下图（见第 189 页图）中的第 1 题，贾斯汀同学把回形针 10 个一组归类，他完成了 6 组，问一共有多少个回形针。这里已经引入了乘法的概念。

第 2 题是认钟，已经精确到分钟。

第 3 题是对称的概念。

第 4 题也是应用题。一辆汽车 2 个车灯，问 10 辆汽车一共多少个车灯？

第 5 题是四则运算题。

在学习了代词的主格和宾格后，孩子们还有语法作业。他们每天作业的最下面会有一个 Challenge 题，也就是国内通常说的附加题，难度相对大一点。例如，有时候附加题是让在辅助动词上加个"星号"，在连接动词上加个"心形"。

美国人很爱读书，也非常重视阅读。所以每天除了 20 分钟的阅读之外，还会有一页阅读理解的作业。通常这篇阅读理解的段落是孩子们最近正在读的一本书里的内容。当然单独阅读这一个段落，也足够完成阅读理解的作业。一般阅读理解的题目会有：找出段落中的细节，判断给出句子的对错，以及得出结论。有时还会圈出一个孩子们不认识的单词，让联系上下文找出意思相近的词，或是把一些句子打乱顺序，让孩子们根据段落的意思重新填写顺序，等等。老师一般会在完成的作业上面盖一个标记，表示完成。如果孩子出现错误，老师也会改正。

总体来说，美国孩子的家庭作业负担不重，但是老师每天都会要求孩子在完成作业的同时再阅读 20 分钟，并且一个月会布置一遍读书笔记。

1. Justin put the paper clips in groups of 10. When he finished, he counted six groups of paper clips. Draw a picture and write a number sentence to show how many paper clips he has.

⑩ ⑩ ⑩ ○ ○ ○

__6__ groups of __10__ paper clips. Number sentence __6 X 10 = 60__

How many paper clips does he have? __60__

2. It's afternoon. What time is it? __2:39 pm__

3. Draw a line of symmetry in each shape. Color one half of each shape.

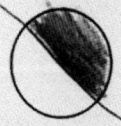 

4. Mrs. Klisky's class is making toy cars. They will need 2 headlights for each car. Use the table to show the number of headlights they will need for 10 cars.

| Cars | 1 | 2 | 3 | 4 | 5 | 6 | 7 | 8 | 9 | 10 |
|---|---|---|---|---|---|---|---|---|---|---|
| Headlights | 2 | 4 | 6 | 8 | 10 | 12 | 14 | 16 | 18 | 20 |

How many headlights will 10 cars have? __20 headlights__

5. Find the answers.

9 × 1 = __9__        7 × 10 = __70__        73 − 29         84
6 × 100 = __600__    3 × 100 = __300__      7̶ 3            9 3
4 + 2 + 9 + 3 + 1 + 6 = __25__              − 2̶ 9          + 1 6
                                            ───            ───
                                            4 4            1 9 3

---

189

素养决定孩子的格局：
斯坦福妈妈把美式教育带回国

# 并不轻松的小学学习生活

有不少家长问我，美国小孩每天的学校生活是什么样的？美国小学生的一天是怎样度过的？我儿子所在的小学 8 点半开始正式上课，但是一般老师会要求 8：00～8：15 之间到校。孩子进了教室之后到正式上课这段时间，老师会要求孩子们做一些"board work（黑板作业）"，类似于中国的晨读或者早自习。通常，老师会在黑板上列出一些前一天课堂上讲过的知识，比如单词拼写、数学或者地理等。

8 点半，孩子们开始一天的第一堂课。一般来说，第一堂课是语法课和拼写课。美国小学在一年级的时候就已经开始上语法课了，孩子们一步一步地学习主谓宾、单数、复数、名词、动词、形容词、副词等，并且老师会尽可能地鼓励孩子们用最简单的词语遣词造句。

一年级的孩子一般每堂课是 45 分钟，课间有 15 分钟时间休息。上午的第二堂课一般是阅读课或者地理课。阅读课上，通常每两周都会读一本新书。课堂上老师给孩子们念一段，然后会提问他们听完这段故事以后的感想。最近孩子在阅读课上读的是一本关于狗的故事书，讲的是 5 条狗的真实故事。

我大致翻看了一下，里面有讲小狗救人的故事，也有讲狗帮助其他小狗伙伴的事情。

其实这本书的文字量和厚度都出乎我的意料。在我的记忆中，我们小学一年级的时候是读不了这么文字密集的书的，一般一年级读的书还是多以文字和图画的内容为主。美国的学校对于孩子的阅读是非常重视的，这也是为什么美国从儿童到老人都热爱读书。

中午 11 点半是孩子们的午餐时间。美国孩子中午是不放学回家的。我一般会在头一天晚上给儿子准备好第二天的午餐，有时是炒饭、饺子，有时是一些简易的三明治。当然美国有很多专门给孩子们派送午餐的公司，可以提前一天在这些公司的网站上预定，第二天中午会派送到每个学校。

下午的课程第一节是地理课或者科学课。我在之前有提过美国老师上地理课会结合一些手工作业。比如说让孩子们用黏土和沙子自己制作美国加州的地形图。这样讲授地理课，不仅生动有趣，孩子们还能更有效地记忆。

科学课的讲授老师很注重科学实验的方法，我在上一篇文章中谈到孩子们利用手边简单的工具来证明地板、实验桌还是门把手上的细菌哪里更多。

下午的第二节课通常是数学或者计算机。美国孩子数学课的内容相比较国内的孩子来说不深，但是内容却包罗万象。计算机课程现阶段还比较简单，是用最简单的 Terrapin Logo 来进行简单的编程。

一般下午 2 点以后，孩子们在学校就是 PE 的时间，也就是通常我们所说的体育课。美国孩子的体育课内容也很丰富，包括足球、篮球、棒球等。美国孩子一般下午 3 点就放学了，这也是为什么国内专家常常提到美国孩子上

**素养决定孩子的格局：**
斯坦福妈妈把美式教育带回国

学很轻松的一个论据。但是美国还有"Afterschool"，内容丰富多彩，不仅仅是课后补习。美国有很多全职照顾家庭的妈妈，下午 3 点孩子放学之后会送孩子去各式各样的课后班，有运动类、书画棋牌类、艺术类、语言类、科学类的，种类繁多、数不胜数。

美国的课后班和美国基础教育体系是相对独立的，也不隶属于美国的各个小学，通常是私人开办的。一般课后班有专车去每个学生所在的学校接孩子。到了课后班之后，会有专门的老师辅导孩子们完成当天学校的家庭作业，之后便会安排各式各样的课后兴趣课程。

另外，美国的小学和中国的学校在老师教授课程的划分上还有一个比较大的不同。美国小学每个班只有一个老师，这个老师会教授这个班几乎所有的课程（包括数学、科学、地理、逻辑、语法、阅读等，一般计算机除外）。也就是说美国小学的老师是按横向来划分的，基本上是全科老师。而在中国，我记忆当中，每一个科任老师只负责一门学科，比如说数学老师只负责教数学，但是可以教 1~3 年级或者更高年级的数学。也就是说中国的老师是按照科目纵向来划分的。

# 美国因材施教的"另类学校"

如今在中国，从学校到老师，从家长到社会，都在谈教育改革。同样，美国也正面临着一场教育革命。这场教育革命源于最先进的科学技术革命，未来它将一步一步改变孩子们的学习习惯和学习方式。这场教育革命已经在美国的硅谷拉开序幕。

相信很多人在过去的学习生涯中都遇到过这样的情况：某些学科成绩比较好，学得轻松，而其他的某些学科相对比较费劲。这就是老师经常提到的"偏科"现象。古人云："尺有所短，寸有所长；物有不足，智有所不明。"所以现代教育越来越强调"因材施教"。但是如何能够真正做到"因材施教"呢？

在美国，一种名为"AltSchool"的学校"横空出世"。"Alt"是英文"Alternative"的简写，意思是"可替代的，可选择的"。我暂且称它为"另类学校"。这个学校算是真正解决了对每一个学生实行因材施教的问题。

这所学校的创始人马克思·万提拉（Max Ventilla）是美国谷歌（Google）公司的一位前高管，一个热爱科学又满腔热血想要改变世界教育的科技"怪咖"。"另类学校"（AltSchool）成立于 2013 年，在 2014 年获得 A 轮融资 3300 万美元，随后在 2015 年获得脸书首席执行官扎克伯格和苹果前总裁乔布斯遗孀等人的 1 亿美元 B 轮融资。目前，"另类学校"在美国有 6 所分校，其中 5 所就在我生活的旧金山硅谷地区，1 所在纽约。

那么，这所学校是怎么颠覆美国现行的传统教育呢？

首先，"另类学校"的授课方式不同。每个学生都有自己的学习进度。同一个班的学生学习进度不需要统一。

在"另类学校"，大部分的教学并不是在传统的黑板或者白板上面完成的，而是通过掌上电脑和计算机来实现。每个老师会根据每个孩子对每个知识点的理解制定个性化的学习计划，并发到每个孩子的平板电脑上。在这个学校里面大部分知识的传授是通过视频、动画、软件等手段在平板电脑上完成的。老师的角色也从课堂教知识的人变成了课后的辅导员，他们做得更多的事情是课后的答疑，回答学生们在平板电脑上学习知识点以后的疑问。因此，即使坐在同一桌的两个孩子，他们掌上电脑呈现的具体学习内容也是不同的。例如，当小明在学 10 以内的加减法时，同桌的小莉有可能已经在学习 100 以内的加减法了。但是，小明的语文课程有可能比小莉的领先不少。

自从有了学校，传统的教育模式通常是老师一对多的教学。教学大纲的拟定和编写通常是按照一个年龄段孩子的平均水平来制定的。在这种传统的教育方式下，通常会出现这样的情况：成绩好的孩子"吃不饱"，因为老师讲的内容他都懂了，而成绩差一点的孩子"跟不上"，通常最受益的是那些各方面水平都中等的孩子。

但是，有研究表明，有些成绩差的孩子，也只是在某一段时间或是某一门学科上落后，一旦跨越了这个阶段，他们完全可以和成绩好的孩子一样，甚至更好。这让我想起了曾经我小学班上的几个男生，他们小学贪玩，成绩不好，但是到了初中、高中，成绩突飞猛进。但是，这些孩子如果因为成绩暂时不好，得不到老师或者家长的肯定和鼓励，他们的自信心和领导力势必会受到影响。这对孩子长远的性格培养是很不利的。而"另类学校"完全颠覆了这样的一种教学理念。它从某种意义上说，拉平了"先进学生"和"后进学生"之间的差距，让他们都以自己的速度学习，从而达到最好的学习效果。

其次，"另类学校"的班级组织形式不同——同一个班上的学生不是同一个年级的学生。看到这个学校的班级划分，你可能会非常惊讶。举个例子来说，我参观过一所"另类学校"，他们一共4个班，学前班和一年级同一个班；二、三年级同一个班；四、五、六年级同一个班；七、八年级（初中）同一个班。

这种班级的划分也是有意义的。"另类学校"里的一个团队实际上就是一个小社会的缩影。一个孩子在团队里面充当的角色也是不断变化的，是从跟随者到领导者的过程。

例如，学前班和一年级的孩子一起做一个项目。通常一开始，学前班的孩子一定是跟随者，因为整个团队里有比他更年长、更有能力的伙伴，而这个时候他也能从一年级的孩子那里学到很多的东西。但是，等他到了一年级的时候，他已经略显成熟，而最终成为一个好的领导者。这种组织形式对培养孩子的学习能力和领导能力，对于增强孩子的自信心非常有益处。其实，看看我们所在的现实社会，不就是一个各年龄混合的社会吗？

**素养决定孩子的格局：**
斯坦福妈妈把美式教育带回国

正如"另类学校"的老师介绍的："当孩子们通过自己的激情探索世界，并在合适的阶段受到挑战，学习会变得引人入胜，妙趣横生。"

在"另类学校"，老师通常不会把"三年级的学生就该这样"挂在嘴边。一个 9 岁的孩子可能会做四年级水平的数学，看三年级孩子的阅读书，但是同时具备五年级孩子的社交能力。他们相信，一个孩子的教育应该体现自己的独特性。

除此之外，"另类学校"的个性化教育还体现在其他许多方面。老师会不断地按主题或环境，适当调整每个学生的目标、进度和内容来担当团队合作中不同的角色。就这一点来讲，我觉得意义非凡。美国教育非常重视团队合作精神，因为从古至今，任何人的成功都离不开团队合作。

"另类学校"之所以可以各年级组成混合班级上课，和授课方式密切相关。只有当每个学生都可以独立按照自己的进度和课程学习的时候，你才可能把不同年级的学生编排在一个班里，从而培养他们社会性的一面。"另类学校"之所以可以实现这一切，也是因为他们有一群梦想改变世界的探路者，正是这些人在为这个系统搭建合适的软件、硬件系统，并实时对这个系统进行监测和改进。

由于有了这样一套系统，"另类学校"的每个学生都有个性化的学习计划，根据他们目前在所有学科领域的知识、个人的目标和兴趣来制订。这就是真正意义上的因材施教！

## 不排名，90% 的肯定

以我的个人经验，以及我的孩子在学校上学的情况来看，我觉得美国的老师和中国老师最大的一点不同是，中国的老师在评价一个孩子的时候，可能过多地去评价一个孩子的缺点，比如说开家长会的时候，老师对孩子的表扬只占很少的一部分，过多地是说这个孩子的缺点，老师会告诉家长，孩子哪儿表现不好，应该怎么样。但这在美国是恰恰相反的，在美国无论是我的孩子在读小学，还是我跟我先生在斯坦福大学读书的时候，老师更多的是去评价一个学生的优点。他不会总是指出缺点，而是百分之八九十的评价都是在说学生的优点。这一点我觉得是和国内特别不一样的地方。

另外一个不同的是，在美国基本很少有集体家长会，不会像在国内开家长会，所有老师、所有的家长都去，老师在上面公布整个班级的排名。美国学校开集体家长会，一般是老师在上面讲一讲，家长需要怎么配合老师的教学，或者介绍一下学校的情况和老师的情况，但是像公布全班的成绩、孩子的排名、发考卷这样的事情家长会是没有的。在美国，如果家长想了解自己孩子的成绩怎么样，或者在学校的学习情况的话，一般都是一对一的，家长需要跟老师约一个单独见面的时间,然后是父母和老师单独进行会议。

以我的孩子为例,从他上幼儿园到现在上小学,每次我们都会事先跟老师约一个时间,然后单独到学校专门的小办公室,这个时候老师就会给我们具体地讲讲我的孩子的情况,而且很多时候老师都是在表扬这个孩子,他会更多地去说我发现你的孩子哪方面很好,哪儿不错。他不会过多地去说这个孩子的缺点,因为在美国老师心目当中每个孩子都是不一样的,都是独特的,他们不会把这个孩子去跟别的孩子做比较。有时候我们作为家长会很想知道孩子在他班上的排名,大概是什么样的一个层次,或者说一个名次。有时候我们会引导性地问老师,我们孩子在班上算不算成绩好的?至少我儿子的几任老师从来都不会正面回答这个问题,他们都会说每个孩子都是独一无二的,都是特别的,没有必要把你的孩子跟别的孩子去做比较。比如,会跟我们说:"你的孩子在数学方面比较优秀,相对数学、逻辑、科学来说,可能在其他方面,比如英文的语法,或者一些阅读方面,与这些学科比较起来,相对要落后一点。"(这可能与我们在家里是说中文有关系,在我们家里,孩子回到家是强制说中文的。)

孩子的老师只是把这个孩子的特长和比较弱一点的地方单独比较,绝对不会把两个孩子或者把孩子放在班上来比较。因为美国的老师觉得每个孩子都是独一无二的,而且在美国是不会给孩子排名次的,从幼儿园甚至到读硕士、读博士,美国是没有排名的,他们觉得这些是孩子的隐私。像在中国有的老师会在黑板上写出前十名,倒数十名的学生名字,在美国这是绝对不会出现的事,甚至美国的老师都不会去告诉你家孩子在班上大概是什么排名,他们

## 第三章
从幼儿园开始，掌握受用一生的学习能力

不会去排名，因为他们觉得这是涉及孩子隐私的事情。老师一般会告诉家长，他们每个学期期末的时候会把成绩单单独邮寄给家长，而不是开家长会的时候发给家长，让其他家长都看到。学校寄给家长的成绩单是一个百分比，每年我的儿子会参加美国一个专门的标准测试，这个测试的结果会以百分比的形式呈现出来，比如说97%，97%的意思就是在100个孩子当中，你的孩子可能是排在前3，如果是85%，意思是在这个学科上，你的孩子在100个孩子里可能是前15个。学校不会把整个的班级拿来排名，可能是全州或者说同一个城市的成绩百分比。

对于我自己在美国求学，印象最深的是，当时在斯坦福大学读书的时候，考完试以后，每个人要自己去查找自己的卷子，而老师都会非常细心地用牛皮纸的信封把每个人的卷子单独装起来并封上，外面写上学生的名字。所以，当我去找卷子的时候，我只能看见信封上的名字，具体别人考了多少分，我是看不见的。这个小细节其实体现了老师会最大限度地保护学生成绩的隐私，他会想得非常细致。

还有一件给我印象很深刻的事情是，有一次老师在课堂上发卷子，我当时坐在第二排，按照国内常规的做法，老师一般都是摊开卷子发给学生，所以坐第一排的学生一眼就能瞄到别人考了多少分。我非常清晰地记得，那门课的教授是把我的卷子卷成了一个卷儿递给我的。而且都是把分数卷在里边，所以，第一排的学生是看不见别人的成绩的。在美国，学生的成绩是学生的隐私，是学生需要自己保护的东西，老师绝对不会排名，也不会在班上公布，这一点和中国是特别不同的。这样也在最大限度保护了孩子的自尊心。美国老师在尊重孩子这一点上，确实是做得非常好的。因为美国的教育当中不断强调每个孩子都是独立的个体，都是独特的，所以没有必要特别的去比较两个孩子。

我记得以前在国内上学的时候，老师会在成绩单上给出全部学生的排名，如果自己的孩子在班上是前十名，家长就会很得意，而如果看到自己孩子在倒数行列甚至十名开外，家长就会垂头丧气。中国的父母特别焦虑，看到别的孩子上了奥数课，就考虑自己的孩子是不是也要上；看到别的孩子英语考了100分，然后就开始着急，觉得是不是要给自己的孩子抓紧补习了，或者别家孩子学了钢琴，自己家孩子是不是也要开始练。美国的老师强调每个孩子都是不一样的，作为家长我们更需要去挖掘自己孩子的特长，而不是去比较自己的孩子哪里不如别人家的孩子。在评价孩子方面，美国的学校真的是做得非常好。

# 中国高考不好考，美国高考就容易吗

每年到了国内高考那几天，国内各大媒体都会报道关于"高考"的话题。虽然已经时隔快 20 年了，但是高考前的那些日日夜夜、血雨腥风，我仍然历历在目。

一天和一个老友吃午饭聊起高考的话题，老友无奈地跟我说："我啊，你一定要写一篇关于美国孩子高考的文章，让大家知道美国孩子真实的高考到底是什么样子的。"

他说最近经常接到这样的咨询电话，内容大都是："××，你帮我想想办法啊，我儿子/女儿成绩不太好，现在国内高考压力太大了，我想把他/她弄出国读书。据说美国孩子高考比中国容易多了，是不是这样的啊……"

我的这个朋友应该算得上是"学神级"（"学霸"都不足以表明他的能力了）的人物了。他当年是国内某高考大省的状元，后来又拿到美国哈佛大学、斯坦福大学和耶鲁大学在内的几所全世界顶级大学的全额奖学金，最终选定在斯坦福大学攻读博士学位，他的孩子正好今年也在美国高考。

他说："我都不知道什么时候国内开始流传美国的孩子高考容易、简单这样的传言了。中国高考不好考，你以为美国高考就容易啊？看我儿子在美国准备高考的那个劲头，可比我们当年在中国高考难多了啊！"

此话不无道理，且听我一一道来。

## 高考——两国孩子都很拼

我自认为这辈子读书读得不少了，这些年无论在中国，还是在美国，我们认识的学霸、学神真的不计其数。但是说一句掏心窝的话，无论哪国的孩子，要想考进一所好的大学，都同样是异常艰苦的。我们常常看到中国媒体报道中国孩子备战高考的情景是课本、试卷摞成书海，学生们两耳不闻窗外事，深陷其中秉灯夜读。国内的很多家长在媒体的误导下，以为美国孩子备战高考是轻轻松松玩出来的。

其实不然！曾获得最高新闻奖——普利策奖的美国记者爱德华·休姆斯，曾经花了一学年时间，在一所美国公立高中蹲点。一年的体验，让他得出这样的结论："4 是有魔力的数字：4 小时睡眠，4 杯拿铁，4.0"。也就是说，美国高中的孩子们，为了得到最高的平均成绩 4.0，他们一天只睡 4 个小时，灌下 4 大罐拿铁咖啡，为的就是能够熬过一整夜。

有人曾测算过，美国高中生一年要背 112 磅的课本，约等于 104 斤。美国教育从小强调批判性思维，所以很多时候，高三的老师甚至不上课，让学生泡在图书馆里查资料、写论文。而所写的论文并不是胡乱堆砌材料东拼西凑，而是要求自成逻辑、有独特的见地！就这一点来说，学习强度完全不亚于中国高三的孩子!

## 分数不是万能的,但没有好的分数却是万万不能的

中国的高考就算现在不断地强调要摒弃应试教育,转向素质教育,但是众所周知,中国的高考仍然是分数至上——一刀切。

发榜之日,重点线、一般本科线就是那么冰冷无情地画在那里。我仍然记得当时我们班上有一个平时成绩很好的同学,仅仅因为一分之差,就被她的理想大学无情地拒之门外。

而反观美国高考,谁说分数就不重要了?在美国,分数不是万能的,但没有好的分数却是万万不能的。我曾经和一个美国大学招生组的朋友聊起关于美国大学对于孩子分数的话题,她是这样跟我说的:"分数不代表你的智商,但分数绝对代表你的学习能力。如果一个学生只需要花费别人一半的时间就能够学得和别人一样好,那不仅说明这个学生聪明,更说明他比别的学生拥有更好的归纳、总结、梳理知识的能力,只会死记硬背永远不可能获得高分。"

另外,和中国的高中相比,美国的高中给孩子们提供了更多选修课的自由。比如开设除了英语以外的第二外语,学生们可以选修法语、西班牙语、拉丁语、汉语等。除此之外,很多高中还会鼓励高中生选修很多大学预修课程(Advanced Placement,简称 AP 课程)。

我的那个美国大学招生组的朋友还强调,"当我们拿到成绩单的时候,不仅要看分数,也要看科目。我们需要考查学生是否选择了对于他来说最具

有挑战性的科目。"举个例子，如果同样两个华裔家庭出来的孩子选修第二外语，一个选修了汉语，另一个选修了法语。那我们有理由相信，选修法语的那个孩子更愿意挑战自我，因为华裔家庭有天然学习汉语的语言环境。

## 拼的方向不一样——中国考查分数，美国考查能力

除了需要足够多的最高平均成绩 4.0 的分数外，美国的大学还要考察孩子的其他能力。当孩子们在成绩上难分胜负的时候，课外活动就成为竞争的又一个战场。

我在以前的文章里曾经提到过，美国教育非常强调培养孩子的领导力和团队合作精神。所以除了分数外，孩子们还要尽可能多地参加各式各样的社团活动。但是仅仅只是"打酱油式"的混混可不行，还需要在这些社团里谋个"一官半职"。这无形中会占用孩子们很多的课外时间。

我前面提到的那个学神朋友的孩子，就身兼学校"辩论社"和"计算机社"的两个会长。他说，"别看美国高中貌似下午 3 点就放学，我儿子一放学就要去图书馆查资料写论文，完成作业后还要继续和同学讨论社团的活动方案。他们还参加了全美计算机编程大赛。参加的学生都是计算机编程高手，个个都像打了鸡血一样，要想拿个名次可真不是容易的事情。

除此之外，美国教育中，"服务他人"的意识也被看得非常重。所以就算是高中生，每周花费一定的时间做志愿者帮助社区做一些公益活动，也是美国好的大学非常看重的学生品质。

而反观我们国内的高三学生，别说服务他人了，在家里父母恨不得把饭都喂到他们嘴里，就是为了能够让他们多一点时间学习。

## 选拔什么样的人才——中国高考选拔全才，美国更喜欢偏才

我曾经看过一张图，我觉得很形象地诠释了中国和美国高考对于选拔孩子上的区别。中国的高考更像是"补短式"的选拔。我们常常听到老师对高三的孩子一再强调："你们千万不能偏科啊，某一科差一截的话，会把整个分数都拉下去的啊！"

而美国的高考选拔，更趋近于"扬长式"的教育。一个残酷的事实是——在美国大学申请表上有一栏叫作"特长"。学生不仅需要列出特长，表格下还需要注明"得奖地区"：州、全国，还是世界级的比赛。如果不是成绩异常优异，根本算不上"特长"。

举个例子，在中国钢琴十级算很厉害了吧。要知道美国钢琴过十级的孩子真是多如牛毛，如果不是拿过州级，甚至是全国的钢琴比赛大奖，只是钢琴十级，在大学申请表里都不好意思当作"特长"，特长意味着必须"与众不同""出类拔萃"。而如果特长栏空白的学生，基本上不可能被名校录取。

这也是在美国大多数华裔家长抱怨和喊冤的一点。大多数华裔孩子单就成绩来讲，都是个顶个的，但是美国名校不仅看成绩，还要看其他的方面。申请美国好的大学，最重要的一点就是看这个孩子如何能够让自己和别的申

请者区分开来，如果能够在某一方面脱颖而出，那一定是有把握的。

说起来容易、做起来难啊！不仅成绩要好，还要参加那么多社团活动，并且还要在这些活动中脱颖而出，这分明就是铁人十项全能啊！不仅如此，美国的每个大学申请并不像中国那样，有一个统一的标准——分数线摆在那里，而是每个学校都有每个学校不同的偏好，并没有任何成文的规定纲领可以去照章办事。

所以说，中国高考不好考，你以为美国高考就容易啊？虽然中国千军万马过独木桥的高考被不断地唾弃，但是我想高考仍然算得上目前中国最公平的考试了吧。而美国的高考更像一个社会选拔，每个家长和孩子都使出浑身解数，就为了能够"鹤立鸡群"，而这背后的艰辛，又岂是中国家长能够感受得到的？

下面这张图是2015年、2016年美国录取率最低的十所大学。敢于报考这些学校的学生已经是绝对的出类拔萃了，但是录取率仍然非常之低。斯坦福大学最近连续几年击败哈佛成为美国最难申请的大学，作为斯坦福校友的我对此是深有体会的，也永远忘不了曾经拼搏的日日夜夜！

| 美国大学 | 申请人数 | 2016年录取率 | 2015年录取率 |
|---|---|---|---|
| 斯坦福大学 | 43997 | 4.7% | 5.0% |
| 哈佛大学 | 39041 | 5.2% | 5.3% |
| 哥伦比亚大学 | 36292 | 6.0% | 6.1% |
| 耶鲁大学 | 31455 | 6.3% | 6.7% |
| 普林斯顿大学 | 29303 | 6.5% | 7.1% |
| 芝加哥大学 | 31286 | 7.6% | 8.4% |
| 麻省理工大学 | 19020 | 7.8% | 8.3% |
| 加州理工学院 | 6856 | 7.9% | 8.8% |
| 布朗大学 | 32380 | 9.0% | 9.5% |
| 宾州大学 | 38918 | 9.4% | 10.2% |

我想告诉各位家长和孩子们的是：学习从来就是一件辛苦的事情！无论是中国的高考也好，还是美国的高考也罢，没有哪里的学生可以不通过艰苦的努力就换来好的成绩。作为家长也不要抱着侥幸的心理觉得孩子在中国学不好，到了美国就可以后来居上。懂得珍惜学习的机会，能够吃得了学习这个苦，我想未来这个孩子无论走到哪里都一定是棒棒的！

# 天赋教育——美国的天才班

经常有朋友问我美国有没有"奥数现象",所以我想再深入聊一聊美国对数学这门学科的教育。

"奥数"是个神奇的东西,似乎有一种魔力,只要听到的家长就两眼放光,不过对于孩子未必是这样。

记得在我上初中的时候,就已经开始流行补习奥数。而那时平时课堂是不讲如此深奥的知识的,所以要想补习只有利用周末专门去奥数学校补习。现在回想起来,补习的内容已经完全还给老师了,事实证明对我后来的数学学习也没有起到多大的作用。当然也有例外,比如我先生。他对奥数乐在其中,总是能够从极难的奥数题当中体会到那种"挑战的乐趣"。

人和人真的有很大的差别,孩子更是。每个孩子都有自己擅长的东西,或许有的孩子对音乐很敏感,而有的孩子对画画很有兴趣。但是现在在国内,家长似乎有一种心理,如果不把自己的孩子送去奥数学校补补课,孩子真的会"输在了起跑线上"。

我最痛恨的就是这句"不要让孩子输在起跑线上",人生是一场马拉松,

## 第三章
从幼儿园开始，掌握受用一生的学习能力

每个孩子成长的节奏是不一样的，每个孩子的天赋也不同。作为学校或者家长为什么要用同一个标准去衡量呢？

在国外这么多年，聪明人认识不少，除了各个省的状元之外，甚至代表中国参加国际奥林匹克竞赛拿到金牌的人都不得不承认"数学"这玩意，除非真的是绝顶聪明的天才，否则真的很难在这个学科上有所建树。所以我想说的是，数学这门课在我看来，尤其奥数，真的不是每个孩子都适合的。我们是从小被"学好数理化，走遍天下都不怕"洗脑的一代，对数学有着一种"变态"的追求。但是到头来真正有几个孩子能够成为数学家，能够拿到国际奥数奖牌？我认识的拿过国际奥林匹克数学竞赛奖牌的朋友都说，学好数学还真不是靠"刻苦、努力、刷题"得来的。

反观美国的教育，更强调"因材施教"，如果不是学奥数那块料，学校和老师不会逼着孩子去补习。相反如果某个孩子的确在数学方面有天赋，那么学校也会相应地为这个孩子尽可能地提供帮助。

我身边就有一个这样的例子。我一个朋友的孩子数学非常好，在他二年级的时候数学已经超过了他们学校其他四年级的孩子。我和这个朋友聊天的时候，她说老师主动找到她，建议她的孩子可以超前学习数学，因为孩子的数学老师发现这个孩子在数学上面有惊人的潜力，作为学校就理应给他提供更匹配他的学习环境。于是经过学校考核，这个孩子其他的课程还是和二年级的孩子一起上，但是数学这门课就跳到了五年级，和其他五年级的孩子一起上。我由衷地想为这种教育理念点个"赞"，这才是真正的"因材施教"。

说到因材施教，美国还有另外一种形式。那就是"天才班"。美国各地

**素养决定孩子的格局：**
斯坦福妈妈把美式教育带回国

　　的公立学校都有。这种班的英文名字是 gifted class。有人把 gifted class 翻译成"神童班"，有人则将其译为"天才班"。

　　虽然从表面上看，这种"天才班"和中国的"重点班"很像。但是其实从教育理念上来讲是有差别的。中国的很多"重点班"通常并不是按照学生的整体水平来分配，而是按照配备的老师水平来分配。也就是说中国的"重点班"通常配备的老师都是比较有经验的，或者教学水平比较高的，但是从学生的水平来讲却参差不齐。而美国的天才班虽然各州在招收上有所差别，但通常都是需要老师推荐，再进行相应的考试。

　　有些州的天才班从三年级开始，有的学校没有专门的天才班，而仅仅是把有天分的孩子们集中起来每周"开小灶"，让他们专门有一定的时间接受天才教育。更大一点的地方还设有天才学校，比如顶尖的精英高中。

　　亚马逊创始人贝索斯从小就聪明过人。他当时所在的学校会把他们几个过人的孩子每日下午叫到校长室，围坐一圈，先发一篇文章静静阅读，然后大家讨论，提问题，锻炼批判思维能力。这种方法延续到他治理亚马逊，至今为止，据说亚马逊公司开会也是从主题"文档"开始，员工先读文章，然后提问、挑战，完善后执行。

第四章

# 好品格来自
# 丰富的社会活动教育

　　作为父母，我们培养孩子的目的不是想把他们培养成只会读书的书呆子，而更应该鼓励他们不断地探索、发展自己的兴趣爱好，打开自己的眼界，去发现更精彩的世界，去体验更奇妙的生活。

# 美国的节日教育——学会感恩，学会爱

细细想来，美国的很多节日其实蛮有人情味儿的，比如感恩节、母亲节和父亲节。母亲节是每年 5 月的第二个星期日，虽说不像"感恩节""圣诞节"那么隆重，但是孩子们对这个节日的重视程度一点都不输于其他。

从我儿子三岁进入幼儿园到现在，每年的母亲节，我都会收到他的礼物。有时是一张自己制作的卡片，有时是自己创意的一件小手工，那些小手印、小脚丫记录了他的成长和用心。

让孩子学会爱、学会感恩，是美国教育里很重要的一部分。爱是相互的，美国的教育理念中，妈妈每天给孩子做饭是一种爱的体现；而作为孩子，学会感谢，并且力所能及地分担家务则是孩子对妈妈爱的另一种表达。

我收到的最感人的母亲节礼物是儿子给我做的一顿早餐。虽然烤的面包有点儿糊，花生酱也抹得到处都是，但是至今却让我难以忘怀。在那个周日的早上，小小的身影自己起床、穿好衣服忙碌着，真的很让人感动！我后来问儿子，为什么想到在母亲节为妈妈做一顿早餐？儿子说，头一天课堂上老师有问过大家，母亲节会给妈妈准备什么样的生日礼物？有的同学说要用自

## 第四章
### 好品格来自丰富的社会活动教育

己的零花钱给妈妈买一束鲜花；有的说要帮助妈妈打扫家里的卫生；我儿子说："我妈妈每天都会工作到很晚，我希望她在母亲节这天能多睡一会儿，一起来就可以吃到我给她做的早餐。"

爱不是用金钱来衡量的，爱是用来表达的。我的一个好朋友，在母亲节早上，收到的是这样一份看似简单，却非常用心的礼物——儿子给她冲的一杯"爱的拿铁"和一张自己手绘的图画。美国老师鼓励孩子自己动手给妈妈制作母亲节礼物，那么下面我们就来看看美国孩子的母亲节都有哪些创意吧。其实无论是做什么，我相信都一定会是一段甜蜜和美好的亲子记忆。下面来看看，美国的孩子在母亲节都会亲手做什么礼物送给妈妈。

---

**1. 我爱你相框**

每个妈妈都喜欢相框，在相框背面粘上磁铁就可以贴在冰箱上了。让妈妈和孩子任何时刻都可以回忆那份甜蜜的爱。

**2. 我爱你，因为……**

在母亲节前，有的老师会在教室里布置出一个背景，让孩子们在纸上写上最想对妈妈说的话，然后拍下来，把照片作为母亲节礼物送给孩子们的妈妈。

**3. 用孩子自己的小手或是小脚为模型做的相框**

### 4. 把爱妈妈的理由都写下来吧

我爱你的头发，你的吻，你的笑容，你做的美味汤，还有你为我唱的歌……

我的妈妈超厉害！她总是知道在我悲伤的时候安慰我，让我更好受！

### 5. 让孩子自己制作"母亲节"的创意小手工

把卫生纸的卷筒做成"心形"，然后蘸上颜料在卡片上印出心形图案。

让妈妈前前后后、上上下下都被"我"可爱的照片围绕吧！比如，用乐高做相框。或者做一个创意涂鸦小花盆，创意涂鸦餐盘，用吃完冰棍剩下的冰棍棒做相框。

不仅要给妈妈送礼物，外婆和奶奶也要照顾到哦！把对给外婆或是奶奶想说的话用彩色笔在蜡纸上写下来吧，只要一个电吹风，立马一件独一无二的彩色蜡烛就做好了！记得要多画一些"桃心"哦！

当然，除了以上所列出的给妈妈准备的礼物，帮助妈妈准备一顿美味的晚餐，或是替妈妈打扫家里的卫生也是送给妈妈最好的母亲节礼物！

母亲是人生旅途中那个一直无怨无悔陪伴你的人。虽然现在的母亲节已经逐渐被商家演变成促销和炒作的噱头,但是我想说的是,父母对孩子的爱是无私的,孩子对父母的爱更是透明得不带杂质的。让孩子学会爱、学会感恩,他们的世界从此才会充满光明!

# 生日 party 让孩子感受自己的成长

美国父母很重视孩子的生日，很多妈妈会很用心地为孩子准备每一年的生日 party（派对）。从我儿子 3 岁上幼儿园开始，每个月都会陆陆续续收到班上同学生日 party 的邀请。

美国有很多专门的游乐场地可以为孩子承办生日 party，通常需要提前预订。但是很多家庭也会选择在自己家里为孩子筹备生日聚会。孩子们一般会早早地列好自己想要邀请的朋友名单，写好生日邀请卡，向自己的好友发出邀请。

美国孩子的生日 party 可谓五花八门、无奇不有。从儿子 3 岁到现在，参加的生日 party 已经不计其数了。一开始我是很不屑的，我是一个连自己生日都常常忘记的人，更何况还要专门为小屁孩过生日呢。但是和儿子一起参加过几次生日 party 之后，我完全改变了之前的想法。

首先，孩子办生日 party 是一种仪式感，让孩子知道自己长大一岁，感恩父母的养育，感受自己的成长，让他们更有担当。每个小孩子都希望自己快快长大，但是作为妈妈，却又觉得孩子长得太快了。孩子一年年地成长，变化之快让我时常觉得时光慢些走才好。翻看每一年的全家福，重温那些美好的时光，真是一件幸福的事情。

其次，孩子自己参与筹备自己的生日聚会，可以激发孩子的创造力，让孩子更多地参与进家庭活动。通常美国妈妈会和孩子一起筹备整个生日party，从选择地点、邀请哪些朋友参加，到准备什么样的生日蛋糕，最后回赠什么样的小礼物，孩子都会参与其中。这与其说是筹备一个生日聚会，我觉得更像是孩子和父母一起完成一个项目。在筹备的过程中，孩子可以从中学会计划、准备、执行、协调、实施等各个环节。

并且，孩子的生日party，其实是孩子之间最好的社交机会。美国社会从学校到家庭，都非常重视孩子的社交能力，这也是大多数美国孩子都不怕生、很活泼的原因。每次去参加儿子朋友的生日聚会，我都会很细心地观察儿子和他的小伙伴之间的互动，对儿子常常在家里提到的那些好朋友也会有更进一步的了解。我通常还会有意识地提醒儿子多邀请那些在班上相对比较内向的小朋友，多让儿子和他们互动。

最后，孩子的生日party，更是家长之间交流和互动的最好机会。平日里忙碌的妈妈们，终于得以在孩子的生日聚会上碰碰面，聊聊孩子、聊聊学校，交流一下各家的教育经验，孩子们的兴趣爱好。所以很多时候，我比儿子还要期待这样的聚会，也正是有了这样的聚会，我才有机会认识很多志趣相投的妈妈们，跟她们互相交流学习，一起养育孩子。

下面就让我们来看一下美国孩子这些"奇奇怪怪"的生日聚会吧。

### Nerf Gun（内尔夫枪，一种玩具枪）Party——男孩子的最爱

Pony（小马驹）Party——女孩子的最爱

Party Golf（高尔夫）——高端、大气、上档次

Pizza（比萨）Party——自己动手、丰衣足食

Mad Science（疯狂科学）Party——从小培养科学小怪人

对于孩子的生日 party，我的建议是，我不主张铺张浪费、攀比性质的给孩子一掷千金办生日 party。但是孩子约上三五好友在家里或是小范围地庆祝自己的生日，感受自己每一年的成长，还是一件值得感恩和记忆的事情。一方面可以让孩子参与筹备他们自己的生日，锻炼孩子的组织、执行能力，更多地了解孩子在学校里的小伙伴，另一方面也是一个和孩子朋友的家长交流沟通，增进相互了解的过程。

# 童子军文化——培养孩子的自信和勇气

童子军起源于19世纪的英国，当时英国社会十分动荡，英国产业也面临危机，可是年轻人的体质却日趋弱化。在这样的背景下，童子军运动成了挽救社会的一剂良药，随后便扩大到全英和其他国家，美国童子军（The Boy Scouts of America，简称BSA）也在这个浪潮中于1910年成立。而今美国童子军已是美国最大的青年团体，成员超过100万人。

美国童子军根据孩子的年龄层分为虎子童子军（一年级学生或6岁儿童）、幼子童子军（一至五年级学生或8~11岁儿童）、少儿童子军（11~18岁儿童）、华西提童子军（14~17岁青少年）和探索童子军（14~20岁青少年）五类。这样分类不仅能对各年龄段的孩子进行针对性的锻炼，而且有些活动还公平地给每个孩子提供了获得晋升的机会，让孩子们在参加完活动之后，能感觉到自己获得了进步，赢得自信。

我的好朋友鹏鹏妈，就真真切切地体会到了自己孩子在参加童子军后的改变。鹏鹏自小就比较内向，不爱表现自己，为了让他更独立，鹏鹏妈把10岁的孩子送去美国参加童子军。同一个军营里的小伙伴都很活泼、很积极地

**素养决定孩子的格局：**
斯坦福妈妈把美式教育带回国

表现自己的各种才能，渐渐地，他也不甘落于人后，开始在众人面前表现自己的才能，慢慢地融入了集体。

完成了室内的学习之后，他们就去野外露营，挑战自己各种极限，学习野外运动的本领。攀岩、划船、打火枪、急救，鹏鹏和小伙伴们互相鼓励，老师和同学的夸奖给了他很大的自信。

鹏鹏在活动中结交了一个同龄的好伙伴杰克。杰克一开始也有点畏首畏尾，但是进行了第一场的射箭活动后，很快地就融入了这里的生活。进入射箭场，来自世界各地的小朋友们按教官的指示一字排开，紧接着进行护具的佩戴和熟悉器械。之后大家便搭箭张弦，射箭场一下子充满了箭羽离弦和高声欢呼的声音，小朋友们练习得乐不可支。孩子们一下子打破了拘束，越来

## 第四章
### 好品格来自丰富的社会活动教育

越自在。在射箭时互相帮助的鹏鹏和杰克，也马上成了好"哥儿们"。经过几周的活动，鹏鹏变得非常阳光和勇于挑战。这次的童子军活动对于孩子来说真的是非常好的锻炼机会。

美国童子军的活动之所以影响深远，不仅仅在于能让孩子们获得当下的快乐，更在于对孩子品质的锻炼。美国前总统福特说："我可以毫不犹豫地说，如果没有童子军精神，我不会成为一名好运动员，不可能成为一名好的海军军官，也不可能成为一名好的参议员，更不可能成为一名随时都能做好一切准备的总统。"

从美国"参军"回来后，鹏鹏不仅更外向，而且还变得十分坚强，成为一个小男子汉了！鹏鹏说，有一天他们要去攀岩，但攀岩的前一天，他们刚徒步完10公里，特别的累。第二天一早，他们就到达露天的攀岩场准备攀岩。轮到他上去的时候，他觉得自己快支持不下去了，非常想放弃！但是他看到旁边一个瘦小的女生都咬着牙一步一步地往上爬，他就想："连女生都能坚持下来，我为什么不能？"后来他也鼓足劲往上爬，像是突然有了"洪荒之力"，最后终于顺利登顶。

后来有一天聚会聊到他去参加童子军的那段经历，鹏鹏告诉我说："兰兰阿姨，你知道吗？当我登顶站在高处眺望时，我突然领悟到了坚持的意义！我妈妈以前常常给我说的那些坚持的大道理，我突然就领悟了！"

我想，对于一个10岁的男孩来说，这一次童子军的人生体验胜过父母平时的千言万语！他收获的不仅是强壮的身体和外向的性格，更收获了责任和担当！

在训练孩子的综合素质方面，童子军的准则就很好地概括了对孩子们的要求：值得信赖（trustworthy），忠诚可靠（loyal），乐于助人（helpful），为人友善（friendly），谦恭有礼（courteous），平易近人（kind），服从命令（obedient），乐观豁达（cheerful），勤俭节约（thrifty），勇敢无畏（brave），整洁纯朴（clean），虔诚恭敬（reverent）。

同时童子军提供了很多有益的活动。从简单的系鞋带、打领带、叠国旗，到用锤子、钉子制造简单的木器，这些活动能提高孩子的动手能力，让孩子掌握基本的生存要求。在攀岩、划船、打火枪、急救等训练项目中，更能让孩子认识"自己"，学习"他人"，提高社交能力及综合情商。

美国的童子军活动是面向全世界的，特别是对于来自中国等外国小朋友来说，美国童子军能让孩子们感受到不一样的文化体验，进行语言上的自我突破，向世界学习。

美国童子军的有趣课程很多，我给大家举一个鸟类学习（bird study）的具体例子。在课程中，孩子们通过自己的观察获取对鸟类、对自然的认知，比如他们通过观察猫头鹰的排泄物去了解猫头鹰的饮食结构，进而了解猫头鹰的习性。

对孩子来说，大自然是最好的课堂！和大自然近距离接触，会让孩子们对大自然产生浓厚的兴趣，有助于培养孩子热爱生命和观察大自然的精神。同时，这些丰富的野外活动，还能提高孩子的团队协作能力和领导力。

其次在礼仪方面，童子军活动场所的周围都会贴着关于餐桌礼仪、与人交往"礼节"的标语，如：

第四章
好品格来自丰富的社会活动教育

1. Don't talk with your mouth full.（嘴里含着饭时不要说话。）

2. Courtesies cannot be borrowed like snow shovels, you must have some of your own.（礼貌行为不是像雪铲一样可以借来用，你必须自己具备这种品德。）

3. Hold the door open for the person behind you.（为你身后的人开门。）

这可不是纸上谈兵，除了"看"标语，每个孩子还得找一个伴儿，一起练习上述礼仪。

除了礼仪和动手能力的训练，童子军对孩子的爱心教育也没有忽视。童子军们会在活动中纷纷化身为"小雷锋"，他们会收集来自美国居民们的捐赠，然后将捐赠品送到教区，并对其进行清点。最后这些物品会被送到穷人的手中。

这些对孩子品质的锻炼在美国得到了广泛的肯定。以升学为例，美国名校的入学标准非常严格，不单单是看成绩。学生是否具有爱心、领导力、独立精神，是否能快速地适应环境，这些都是择优录取的重要因素。而童子军会员顺利从童军训练营毕业，并获得毕业证书，在申请美国名校时，也是会被很多名校看好的。

不仅如此，童子军这样的集体生活，还是锻炼孩子社交能力、团队合作精神，磨炼他们的意志，激发他们的想象力和创造力的好机会。

童子军把孩子放到一个全新的集体生活环境，这对孩子来说是一种前所未有的挑战。在和队友的相处之中，孩子们会学到很多与人交往的技巧和礼节，体验到平常在课堂里体验不到的东西。童子军可以补充平时学校和家庭教育的不足，为孩子提供独自挑战的机会。

除此之外，当孩子在童子军军营的时候，凡事都得自己亲力亲为，在这个过程中，他们将了解到父母的辛苦与不易，从而学会感恩。

童子军给孩子们营造了一个相互帮助、相互交流、相互学习、相互合作的氛围，让孩子们能够懂得关爱他们、理解他人、包容他人，这些对于他们未来的人生之路都是非常珍贵的人生经验！

# 美国历史悠久的夏令营活动——让孩子打开眼界

临近暑假的时候，家长们就要操心了，除了要督促孩子复习期末考试，很多家长更是早早地开始计划给孩子一个充实而有意义的暑假生活。

现在越来越多的家长都倾向于送孩子参加暑期夏令营活动，一些有条件的家庭还会选择送孩子参加国际夏令营活动，特别是美国的夏令营活动颇受国内家长的青睐。那么如何给孩子挑选夏令营呢？美国的夏令营又有哪些特点呢？

美国的夏令营历史悠久，种类繁多，除了私人机构主办的特色营，市政府、教会、社区中心也会主办几十种夏令营，项目之多着实令家长叹为观止。美国有一个美国夏令营协会，协会里有上万个夏令营，其中认证的有6000多个，种类繁多。其中，有学术营也有传统的户外运动营，有童子军营也有家庭营。具体来说：有学习爱好类（计算机、科学、天文、物理、金融、写作），艺术类（画画、舞蹈、音乐、导演、戏剧、电影制作等），体育类（篮球、游泳、网球、高尔夫等），社区服务类等。

不同的夏令营有不同的特点和活动内容，一般是按照星期来收费的。

时间上，有半天营也有住宿营；费用上，差别很大，从几百美元/周到 2000~3000 美元/周都有。

家长可以根据孩子的兴趣和家庭情况来为孩子挑选，下面我简单介绍一些在美国比较受欢迎的夏令营。

## 1. 学术营

这类夏令营通常是一些私立高中或者大学开办的，较为出名的有斯坦福天才少年夏令营、约翰-霍普金斯大学天才儿童中心、美国天才少年训练营等。

当时我还在斯坦福大学上学的时候，一到假期，校园里就有很多中小学生的身影。他们当中除了有一部分是游学参观校园外，很多都是到斯坦福大学参加夏令营的。

学术夏令营的特点是让孩子能够把平时在学校课堂上学到的知识在夏令营中用一种有趣而实践的方式巩固、加深和运用。

学术营向来很受中国学生和家长的欢迎。有些夏令营的课程设置得非常好、科目很多，不仅仅包括数理化，还有计算机编程、机器人、戏剧、艺术、模拟法庭、模拟联合国、辩论课等课程。

孩子们既可以在这里接触到许多有趣、高品质的课程，还可体验丰富多彩的营地活动和周末户外活动，在互动探索中学习，而不是枯燥的填鸭式。对于很多未来计划留学的孩子来说，这是一个亲身体验美式教育的好机会。

我一个好朋友的孩子，就是因为参加过一期斯坦福的夏令营，而萌生了以后想要报考斯坦福大学的念头。我的这个朋友对我说，她的孩子参加那个夏令营后长大了很多。他从很多优秀的同龄人身上不仅能够看到自己的不足，而且还学会了团队精神。我想无论这个孩子最终能否考上斯坦福大学，在他幼小的心里，一颗想要努力学习、不断奋斗的种子已经扎根了。

## 2. 传统营地夏令营

虽说美国夏令营数量和种类繁多，但主流还是以户外活动为主的传统营地夏令营。这类夏令营的活动目的主要是让孩子体验生活，把孩子从学习中释放出来，让大自然成为孩子们最好的课堂，在户外活动中培养孩子的独立性、创造性、团队合作能力和领导力。营地会精心设计一些传统活动，让孩子在玩乐中学习生活技能，如烹饪、钓鱼、烧烤、安扎帐篷等，也会让孩子们参加一些锻炼意志的"疯狂"活动，如山地骑行、"北极熊浴"（每天早上6点起床，在特别冰冷的水中进行，可以让人一整天都精神抖擞），让孩子们体验到多姿多彩的生活。

在住宿营地，孩子们离开家和小伙伴一起住在户外，不仅可以结识到天南地北性格各异的朋友，与朋友们一起进行有意思的户外活动，还可以锻炼自己的人际交往能力，从中学到与同龄人交往、同住一屋的技巧，以及培养互帮互助的优秀品质。

## 3. 家庭营

家庭营顾名思义就是家长和孩子一起参加的夏令营。在家庭夏令营中，孩子们按照年龄分组，由美国辅导员带领着参加各种活动，而大人们则参加家庭夏令营中专门为大人安排的活动。这样家庭成员既可以一起出游，减轻传统营地夏令营中年龄比较小的孩子想家的思念，又能把孩子和大人分开，各自游玩，不用家长像亲子旅游那样一直为孩子操心。对有时间和有足够经济能力的家长来说，这不失为一种好选择。

许多家庭营都富有特色，可以体验到很多平时不能体验到的活动。如让·米歇尔·库斯托家庭夏令营，是米歇尔创办的、海洋未来保护协会主办的家庭夏令营。每年暑假，米歇尔及海洋未来保护协会的海洋生物学家们都会来到美国加州的卡特琳娜岛，带领所有家庭进行一次轻松而有趣的家庭夏令营。活动包括：浮潜、皮划艇、帆船、攀岩、绳索、箭术、农艺、观鲸、艺术和手工、徒步远足等，没有任何户外经验的家庭也可以参加。每个家庭都有机会单独与米歇尔·库斯托一起在翡翠湾浮潜，学习海底生物知识。夏令营每天都会安排专人照顾5岁以下孩子，这样有婴幼儿的家长也可以参加浮潜或其他5岁以下儿童还无法参加的活动。每天晚餐后，除了家庭活动，米歇尔都会分享库斯托家族的海洋探险记及关于海洋的种种内容。

想要体验远航的家庭还可以选择"远航家庭夏令营"。每年夏天，来自世界各地的家庭在这里跟着专业水上教练和船长学习怎么在湖面上驾驶帆船、快艇、皮划艇、独木舟，掌握水上运动技巧和航海技术。各种年龄、各种水

第四章
好品格来自丰富的社会活动教育

平的家庭都可以报名参加,没有经验也没关系。营地有 100 多只帆船、标准高尔夫球场、18 块网球场地,还有标准马术、箭术、射击场地,所以除了丰富多彩的水上活动,家庭成员们还可以在这里有大量陆地上的户外活动,比如高尔夫、网球、棒球、足球、篮球、排球、远足、攀岩、马术、箭术、射击等。每项活动都有专业的教练。每天傍晚,大人还可以参加大人专属的游艇派对,而孩子在岸上由老师带着做各种室内活动。

喜欢太空和飞行主题的,还可以去"太空中心家庭夏令营"或"飞行家庭夏令营"。在太空中心家庭夏令营中,可以像宇航员那样进行模拟器训练,体验月球漫步 1/6 重力椅,还有超重、失重、离心、旋转、太空行走等训练,模拟火箭制作和发射全过程,在真正模拟的太空舱里亲身体验航天员的太空生活,还有攀岩、水上救生训练,模拟飞机驾驶等训练内容。参加飞行家庭夏令营,可以像战斗机飞行员那样模拟训练。不管是对家长还是孩子,这都会是一次绝佳的人生体验。

美国的夏令营活动历史悠久,种类繁多,在不同类型的营里,孩子们可以学习到不同的知识,锻炼不同的能力。更重要的是孩子不会每天都以睡觉、看电视、玩电脑这三种方式度过漫长的暑假,而是以一种健康的学习方式,体验新鲜的生活,丰富阅历,扩大视野,度过一个充实而有意义的假期。

同时,作为家长,我想我们更应该关注的是孩子在学习和玩乐之间的平衡。在这个更考验个人全面发展能力的时代,如果家长还总抱着一种"业精于勤荒于嬉"的态度限制孩子的课外活动,在课外时间还逼着孩子参加充满学习压力的辅导班,孩子很可能就像那个 17 岁考进中科院却遭退学的"神童"一

**素养决定孩子的格局：**
斯坦福妈妈把美式教育带回国

样，除了学习外毫无其他技能。

一路走来，身边的牛人、学霸我见过很多，但是细细观察，发现其实真正的精英都具有一个共性——在学习的时候专心致志，在课外的时候玩个够。作为父母，我们培养孩子的目的不是想把他们培养成只会读书的书呆子，而更应该鼓励他们不断地探索、发展自己的兴趣爱好，打开自己的眼界，去发现更精彩的世界，去体验更奇妙的生活。

# 看美国如何对孩子进行性教育

在看到山西一名8岁的女孩被体育老师数次"性侵"并被威胁不能告诉家长的新闻后,我感到无比心惊、心寒、心痛:没有接受过任何性教育和自我保护意识的小女孩,只能在日记上写下那些难以启齿的故事,记录下难以抹去的痛楚。

不管是在哪个国家,未成年孩子遭性侵的事件都在发生,我们永远无法猜到会有哪些恶魔对自己的孩子下黑手,孩子的无知和善良恰恰是使他们遭遇不幸的原因。

就像韩国电影《素媛》里的小女孩,在下雨天为大叔打伞后却遭遇性侵,浑身伤痛的她泪流满面地说:"我做错什么了吗?" 是啊,这些天真善良的孩子到底做错了什么,竟遭遇此等伤害!身为父母,既然没有办法时刻在孩子身边保护孩子,那就要教会孩子如何保护自己!

在美国,不是只有"青春期"的孩子才开始了解"性知识",0~18岁的孩子都要接受不同层次的性教育,学会保护自己不受侵犯,以及若受到侵犯后该采取的措施,降低二次伤害。此外,国外还有很多儿童性教育的绘本,适合给孩子做性启蒙教育。

## 防范性侵，从娃娃抓起

首先要重视的是，儿童遭受性侵的对象绝不仅限于女童，男童也会遭到此类危险。

美国疾控中心 2006 年曾估计，在 18 岁前，每 4 名女童和每 6 名男童中就分别有一名遭遇过性侵。在美国，孩子被强暴和性骚扰是刑事重罪，要受到严厉的惩处。为了避免孩子遭遇强暴和性骚扰，从孩子出生到 18 岁时，学校和父母都要对他们进行性教育，而在幼年阶段的性启蒙教育，尤为重要。一些地方从幼儿园开始，就会用游戏的方式向儿童解释什么是"性骚扰"，遇到"性骚扰"该如何应对，如何求助和如何自我保护。

## 让孩子形成自我意识

对 0～5 岁的孩子，父母最先应该帮助他们培养自我意识，即：身体是属于自己的，任何成人在没有正当理由时（如父母帮孩子洗澡、医生给孩子检查身体），去观察和触摸自己的隐私部位都是不被允许的。

家长应该告诉孩子，"若有人触摸你后让你感到害怕，一定要马上逃离并告诉家长，若是被威吓要保守秘密，那也一定要说出来。另外，性侵害也指某人要求你触摸他（她）的身体的隐私部位，而你不能随便触摸他人的隐私部位。"在孩子形成自我意识的同时,还要学习自我保护。美国的一项调查证实,90%以上的受害儿童是被自己认识和信任的人所侵犯。因此,家长要告诉孩子身边的熟人更需要防范,对孩子们进行危险防范教育。

在美国,从小学低年级开始,学校和班级老师就会向孩子们定期发送"提醒纸条",告诉坏人有哪些惯用的伎俩,警告孩子们避免前往僻静荒凉的地方,警觉跟踪狂或偷拍者等可疑人员,遇到危险立刻大声呼救和逃跑等。在遇到紧急情况,特别是在校外遭遇性骚扰和性侵害时,孩子们应该就近报警。

## 解决孩子对身体的疑惑

在孩子身上或多或少都会发生对性器官感兴趣的现象,一些孩子3～4岁就开始了自我身体的探索过程,有些孩子会手淫,有些孩子会想看爸爸妈妈的身体。

我的朋友说,她家孩子几个月大的时候就会手淫,还伴有喘息、脸红的现象。后来经她翻阅论文查证,这是属于人对快感的本然追求,是正常现象。但孩子对身体的探索会让很多父母感到尴尬,也许还会呵斥孩子,其实这只是孩子对身体的好奇和探索,并没有其他淫秽的想法。

当孩子的好奇心膨胀时,父母越压制,孩子就越会从不正当的门路自己去解决疑惑。因此,解决孩子对身体的疑惑非常重要,父母只要当作给孩子解决一道数学题即可,不必大惊小怪。在美国,学校和家长会告诉孩子自己身上哪些地方是需要保护的隐私部位(Private Parts),不可给他人看,也不可给他人触碰；同样孩子也不可触碰他人的隐私部位。

那么，让孩子如何分辨性侵行为，保护自己的身体呢？简单地说，父母需要帮孩子解决最原始的对性的好奇，尊重和接纳孩子的疑惑，再在孩子理解的基础上给孩子教授防范知识。

如果父母不知道如何给孩子开展性教育，可以学习下面专家的方法。朱莉·梅泽尔是美国一位性教育专家，从 1988 年起她就在儿童医院开设性教育课程，从医学的角度为孩子解决"身体的疑惑"。她让每个孩子在一张白纸上匿名写下自己的疑惑，然后她一个个解答。孩子们一开始都很别扭，但后来都听得津津有味，不再忌讳这些话题。家长们可以借鉴这个方法，让孩子把说不出口的话写在纸上，给孩子上一堂性教育课。

## 告诉孩子被侵犯后的举措

性侵犯不仅包括肢体上的侵犯，还包括言语上的侵犯。父母在教会孩子如何分辨性侵行为后，还要告诉孩子，万一被侵犯，应当作何举措。如果孩子受到性侵，不管程度高低，都必须要让孩子第一时间告诉家长或可信任的大人，让成人来帮她们/他们解决此类事情。并且要让孩子从此远离可疑人员，并对相应的人做出戒备。

更重要的是，父母需要告诉孩子，孩子遭到性侵并不是他们的错，并及时带孩子去做心理咨询，防止孩子留下心理创伤和对异性的恐惧。如果孩子遭遇性侵，作为父母只有教会孩子正确的事后应对措施，才能最大限度减少孩子的二次伤害和心理创伤。

## 国外的儿童性教育书籍推荐

国外对儿童性教育极其重视，开设了许多性教育课程或专门的性教育网站。我接下来给大家介绍三本针对不同年龄段孩子的性教育书籍，让孩子正确地学习性知识。

*Where Did I Come From?*（4~7岁） 这是在美国流行已久的性教育书籍，用可爱的图画来介绍人体性器官。书中信息量很大，解说也很坦荡，让孩子看完这本书，会对性和生命的孕育留下积极健康的印象。

*What's happening to me?*（青春期前后） 同为彼特·梅尔（Peter Mayle）所著，帮助青春期前后的孩子了解自己在青春期的生理发育过程。本书语言幽默，缓解了父母的尴尬，让孩子正确看待自己的生理发育现象，值得一读。

*Sex: A Book for Teens*（16~18岁） 16岁的年纪，孩子们对性行为已经有好奇和些微了解。这本书对性行为给了正确的建议和信息，还谈到了关于不同性取向、自慰、性别的定义、两性关系、童贞、避孕、性病的问题，有利于孩子正确对待性行为，好好保护自己。

另外，有一部性教育短片《小威向前冲》，希望家长和孩子一起观看，及时为孩子解决关于性方面的疑惑。

当我写下这篇文章，我想起当年我上初中的时候，"生理卫生"课作为副科总是无缘无故被主科老师"要"走。那时候青春懵懂的女生，觉得连每个月的"大姨妈"都是一件令人羞耻的事情。

那个时候，也没有像如今这样网络发达，孩子们能够从各种渠道了解关于"性"方面的知识。但是也正因为发达的网络，如果作为家长不加以引导和控制，反而会让孩子在"健康"与"不健康"的性知识方面产生迷惑，甚至误入歧途。

生命是一个自然而然的延续过程。让孩子知道自己是如何而来，是父母由爱开始而产生的"爱的结晶"，这本身就是一件非常美好的事情。让孩子正确地认识自己的身体，保护好自己的身体，是每一对父母都必须要做的事情！

# 从学前班就开始的社会科普知识大课堂

世界上最牛的机器人公司之一"波士顿动力"（Boston Dynamics）"放出了他们最新研究的机器人的视频后，一时间美国的各大网站都被这段视频刷屏了。看了这个视频，我第一感觉就是牛！

美国的科学技术一直在全世界遥遥领先，美国孩子从小学开始，具体来说在学前班的时候就已经开设计算机课程了。

记得儿子在上学前班的时候，学校的老师定期会邀请家长去给孩子们科普各种各样的知识。因为每个家长的职业、所从事的领域不一样，孩子们实际上可以从各个家长身上学习到包罗万象的知识。我先生一直就是传说中"别人家的孩子"，从小三道杠，而且因为打游戏打得太好，游戏厅老板不让进（因为一个币可以打一整天）。后来改打桌球，因为他打得好，老板让他去看场子。他顺风顺水地考进大学，然后又顺风顺水地拿到美国斯坦福大学的全额奖学金到美国念博士。他本科专业学的是自动化，到斯坦福大学又跟着超级大牛老师学机器人。我家机器人先生每次都是我儿子学校老师死盯的对象，因为"机器人"这个话题对孩子们的吸引力实在是太大了。

**素养决定孩子的格局：**
斯坦福妈妈把美式教育带回国

上课之前，我先生去学校和老师做了简短的沟通，因为机器人这个概念实在太大了，包含的内容也太多、太复杂了，如何能够让6、7岁的孩子们能够理解并不是一件非常容易的事情。

"用孩子的语言，激发他们的兴趣"，这是老师和我先生最后达成的共识。

上课之前，我先生花了一点时间做了一个PPT。

首先，他介绍了在世界上出尽风头的日本本田的机器人Asimo。这也是孩子们可能看到过的机器人。在美国洛杉矶的迪士尼乐园里面就有一个Asimo。如果您下次带孩子到洛杉矶的迪士尼乐园，不妨让您的孩子和Asimo来一个亲密接触。我们带儿子去LA的迪士尼就曾经让他近距离接触过Asimo。这一点让儿子印象深刻，就算到现在他仍然能够对Asimo的身高、体重，能够做哪些动作如数家珍。

其次，他给孩子们科普了仿生机器人。现在世界上最有名的仿生机器人之一应该是老公在斯坦福读博士时所在的实验室里研究出来的爬墙机器人。

记得当时说完这个话题，孩子们七嘴八舌地讨论起来，有的说我以后要做一个像乌龟的机器人，有的说我要做一个像恐龙的机器人。我想这个话题已在他们的心里种下一颗渴望知识的种子。

随后，机器人先生还给孩子们讲了很多电影里面的机器人，比如《变形金刚》里的"大黄蜂"，《超能陆战队》里的暖心"大白"，还有可上天入地的"钢铁侠"。

孩子们几乎可以在第一时间说出这些电影里机器人的名字。我先生告诉他们，现在的科技哪些是可能实现的，哪些现在还实现不了，未来就等着他们去攻克这些科学难题。

从此我先生在儿子的学校有了一个外号——Mr. Robot（机器人先生）。每次他去学校接儿子，孩子们都会大老远冲上来，"Hi, Mr. Robot"。

我先生曾经迫不得已带着儿子去参加过几次国际性的机器人展览（因为我出差，没人看儿子）。一开始以为这种"高端、大气、上档次"的国际机器人展览对于儿子来说太过"高冷"，没想到结果却恰恰相反，儿子在会场上不仅玩得不亦乐乎，还颇受很多参展公司的喜爱，因为参展的很多机器人就是针对孩子设计的。

未来将是一个人工智能时代。如果我们现在在孩子们心中埋下渴望知识、探索科学的种子，我相信不久的将来，种子一定会开花、结果，给我们的世界带来不一样的惊喜。

儿子去参加机器人展览

## 后记

# 孩子出国需谨慎，
# 莫让小别离变成大折腾

多和孩子沟通、交流，听听他们的想法，最终找到一条适合自己孩子发展的人生道路才是最重要的！

**素养决定孩子的格局：**
斯坦福妈妈把美式教育带回国

有一段时间，朋友圈都在讨论当时正在热播的电视剧《小别离》，我的好几个朋友都发消息给我，让我看看这部电视剧。很多年没有看电视剧的我，也饶有兴趣地一口气看了好几集。

我出国很多年了，身边认识很多各个年龄段出国的中国留学生。他们各自的家庭背景不同，自身的素质也千差万别。

近几年，要不要送孩子出国读书，是很多父母非常关心的话题。

有个网站做了一个"你有让孩子出国的打算吗？"的问卷调查。结果显示，在6000多份投票中，30%的网友有明确送孩子出国的打算，49%的网友正在考虑中，剩下21%的网友表示还没有这个想法。

换句话说，将近八成的网友有意向送孩子出国留学。虽然这个比例不一定适用于目前国内家庭的普遍情况，但至少代表了一个趋势，那就是很多家庭希望可以创造条件，让自己的孩子有机会出国学习。

在电视剧《小别离》中，三个家庭，分别属于三个"阶层"——富人、中产、平民，而他们的孩子分别是"学渣""学酥""学霸"。富人送孩子出国轻而易举，但在和孩子的沟通上出现了各种各样的问题；中产精英家庭，孩子和他们父母一样左右彷徨；平民的孩子成绩好，父母希望她出国深造，却为五斗米劳苦奔波。

现在，在中国的朋友们向我咨询最多的问题就是——我该不该把孩子送出国？什么时候送出去最好？ 我想这也是这部反映低龄留学问题的电视剧这么火爆的原因吧。以我亲历美国教育和多年居住在美国的经验看，我个人的意见是：

首先，是否送孩子出国读书这件事情，是一个家庭的决定，而不是父母替孩子做的决定。我这里所指的"家庭"，一定包括了孩子本人的意愿。

父母应该多听听孩子的想法，和他们一起讨论未来的方向。再小的孩子，也有自己的想法和意志，我们现在的很多家长常常是站在家长的角度替孩子做决定，而不是真正地尊重孩子自身的意愿。

就像这个电视剧里的"学霸"平民家庭，孩子明明成绩很好，可以走传统的重点高中的路线，但是就是因为父母认为出国能够让她变得更加优秀，而自作主张替孩子做决定。

我想现实生活中，很多的家长其实和电视剧里的这个妈妈是一样的想法。那么作为家长的我们有没有真正仔细想过这个问题——我们为什么要送孩子出国？是因为出了国就能够让孩子变得更优秀，还是仅仅因为隔壁老王家的孩子也出国了？

素养决定孩子的格局：
斯坦福妈妈把美式教育带回国

## 为什么要送孩子出国？

我们把孩子送出国的目的是什么？是希望他镀了一层金以后回国，还是最终能够留在国外生活？是希望他能够说好一口流利的英文，还是希望他学习更多的多元文化？

我有一个在教育界很有声望的朋友经常给我提到这样一个观点——"送孩子出国读书并不是解决孩子教育问题的根本办法。通常我们看到的例子普遍是，优秀的孩子，出不出国，都很优秀。不优秀的孩子，就算出了国，也未必就能如家长所愿。"

我身边看到过各种各样的例子。我曾经见过一个到美国读高中的中国孩子。父母是一般家庭收入，为了能够把他送出国读书，真的可以用"砸锅卖铁"来形容。为了他出国，父母卖掉了一套大房子，并且妈妈还一直在外兼职。他高中毕业从美国一所杂牌学校混了一个文凭。找工作的时候我面试他，他居然连英文都说不利索。

我当时非常惊讶，询问他的留学经历。他说是被父母硬逼着出国的。当时被中介忽悠，去了一所野鸡高中，到了那里才发现学校里有很多中国留学生。于是他整个高中都是和一帮中国留学生混在一起，自然没有什么机会说英语。

他说考上美国的大学后，他也是尽量和中国人待在一起，所以这些年英文没有什么进步。大学毕业后，父母在国内也没什么关系，没法给他安排好的工作。而现在国内也不再是随随便便一个海归就吃香的年代了，他投了许多简历都石沉大海了。

## 后记
### 孩子出国需谨慎，莫让小别离变成大折腾

另一方面，他的父母觉得花了那么多钱送他出来读书，最后又回国找工作太亏，一心想让他留在美国发展。于是他就这样"高不成低不就"地混着。这个孩子并不是个案，而是代表了一部分现在出国镀金孩子的现状。

当然我也见过国内的学渣出国逆袭的例子。一个本来在国内连专科都考不上的孩子，在国外读了一年语言预科之后，顺利申请上一所本科，继而又继续读完硕士研究生，现在回国创业了。他常常感慨，当初父母送他出国可能是对他人生最好的一笔投资。

不过反观他逆袭的原因，其实这个孩子本来就是一个极富创造力、非常聪明的孩子。他的性格不太适应国内流水线上的应试教育，到了国外相对宽松自由的学习环境，反而给了他更多的空间和自由，他一下子开悟了！

所以，作为家长，想要把孩子送出国之前，我们首先应该去了解自己的孩子，他们的意愿、他们的性格、他们的长处，在想清楚这些问题之后，再决定是否送孩子出国。

## 什么时候送孩子出国合适？

现在越来越多的家长认为越小送孩子出国越好，《小别离》这部电视剧也一定程度上反映了这个现象。我常常见到很多到美国读高中、初中甚至是小学的孩子。父母常常以孩子能够说一口地道的英文为傲。殊不知这背后也有很多的隐患。

初中、高中是一个孩子建立完善的价值观、世界观、人生观的重要时期。

**素养决定孩子的格局：**
斯坦福妈妈把美式教育带回国

中国有着几千年的历史和文化，有中国文化中的基础价值观。但是太小的孩子独自到了国外，在他们自身的价值体系还没有完全建立、基础还没有打牢的时候，受到其他价值观的影响，势必会对他们已有的价值观造成冲击，甚至是坍塌。这样的结果往往使孩子变得无所适从，变成一个不中不洋的"香蕉人"，而隐藏在他们内心深处的心理问题则是更大的隐患。

我和我先生虽然出国很多年了，但是在我们的内心深处仍然觉得我们是地地道道的中国人，是生活在美国的中国父母。我们对自己的祖国引以为傲，我们对自身的价值观也非常认同。在这个基础上，我们可以抱着开放的心态去接纳全世界其他的价值观，接触全世界各式各样的多元文化，"求同存异"，这些都不影响我们已经形成的自我认可的价值体系。

我认识好几个高中就到美国读书的孩子。他们的学业非常优秀，中文、英文都说得非常好。但是深入接触下来，他们常常向我坦言，他们找不到归属感，他们不知道自己到底是中国人还是美国人。因为在美国人眼里，他们是中国人。但是对于中国人来说，他们的思维模式、行为习惯都已经是地道的美国人了。

曾经有一个男孩对我说，"外人看我能说一口流利的英文，在名校读书，觉得我未来一片大好前途，但是我不知道我自己的根在哪里，我和我的父母没法交流，他们根本搞不清楚我在想什么。我身边最好的几个朋友都是和我一样很小就来美国读书的中国人，他们和我都有着同样的苦恼。"

## 送孩子出国，父母需要做哪些准备？

### 1. 经济上

经济上的准备不用我强调了。《小别离》里面除了富人家庭以外，就算是中产家庭，也不是随随便便就可以毫无负担地支付孩子的留学费用的。

美国好的私立初中、高中，一年的学费在 5 万美元左右，加上住宿费、学习用品、课后班和其他生活日常开销。节约一点也差不多在 10 万美元一年，这还不包括孩子每年往返中国、美国之间的机票、旅行费用。

如果选择便宜的公立学校，那必定得选好的公立学校。好的公立学校周围的房子和中国一样都同样存在"学区房"、高房租的情况。

### 2. 送寄宿家庭还是父母陪读

美国很多州的法律规定，16 岁以下的孩子是不能单独居住的，必须有监护人，所以太小的孩子送到国外，就存在到底是在美国当地找寄宿家庭还是父母其中一方来美国陪读的问题。

首先我们来说，寄宿家庭。一般未到法定年龄的孩子，留学机构都会负责帮忙找寄宿家庭。我见过很好的寄宿家庭，老两口自己住很大的房子，都是大学教授，热爱中国文化，对孩子非常好，亲如一家。

但是，我也见过很差的寄宿家庭，黑人或是墨西哥人家庭，为了赚钱不得已接收外国留学生寄宿。这样的家庭本身的家庭氛围就非常差，孩子在这样的寄宿家庭每天日子过得心惊胆战。曾有住在这样寄宿家庭的孩子对我说："如果我父母知道我现在生活的这个家庭环境，可能我妈妈立马眼泪就会夺眶而出吧！"

最终孩子会进入什么样的寄宿家庭，有时靠运气，有时需要找到好的留学机构，这些都需要父母去多做研究。

如果父母一方陪读。我且不说父母双方长期两地分居的坏处，我见过几个在美国陪孩子读书的妈妈。她们本身对美国教育一无所知，有些甚至英语还不如自己孩子，请问这样的陪读有什么意义？

孩子一天在学校待的时间从上午8点到下午6点，父母陪读的角色充其量就只是车夫＋厨师＋提款机。我认识的一个陪读的妈妈朋友，她家孩子的学校开家长会时，她没法和老师沟通，甚至让我去替她给她的孩子开家长会。有时想想，这背后又充满着多少的无奈啊！

### 3. 心理上

纵然孩子能够在国外学习到很多先进的知识，受到西方文化的熏陶，但是美国又是一个多元化、非常开放的国家。如果把太小的孩子送出国，他们的价值体系会承受更多的外来文化的冲击，有一些价值观往往是中国家长无法接受的，这最终会造成孩子和家长无法沟通。

除此之外，美国在软性毒品、性、枪支、强势社团等方面，真实的情况也是中国家长无法想象的。

钱钟书老先生在《围城》里面曾经描写过男主人公方鸿渐花钱买"克莱

登大学"文凭这样一段故事。其实就算现在，美国仍然存在很多类似"克莱登大学"这样的野鸡大学。家长花了大价钱把孩子送到这些学校读书，往往最后会落得"竹篮打水一场空""空折腾"的悲剧！

送孩子到国外留学本身是好事，家长希望能够给孩子提供更好的学习机会，为他们的未来铺设更宽广的道路。但是作为家长，也应该有充分的思想准备！在学校的选择方面，不要过多相信留学机构的广告，多上网查查，多咨询过来人的经验都非常必要。

最后，我想说的是，多和孩子沟通、交流，听听他们的想法，最终找到一条适合自己孩子发展的人生道路才是最重要的！

延伸阅读
国际教育

## 《自然养育之道：不一样的挪威教养》

◎ 自然养育之道就是尊重孩子，尊重成长规律，养育幸福、自信、独立的孩子
◎ 在联合国教科文组织的学生平均素质评鉴中，挪威的学生常常名列前茅
◎ 著名教育专家、畅销书作家林巨老师，知名青少年心理咨询师、畅销书作家、"60分妈妈"月华老师倾情推荐

---

挪威，一个经常将报纸头版让位给亲子新闻的王国，有着良善的育儿福利。新生儿不仅享有出生补助和每月生活津贴，医疗就诊费用也全数由国家买单。为了培养儿童健康的学习态度，挪威实行"快乐童年"的教育政策。虽与"赢在起跑点"的惯行教育背道而驰，但在联合国教科文组织的学生平均素质评鉴中，挪威的学生却常名列前茅。

作者在女儿娜拉出生后，从一开始的不解，到真正理解、赞许挪威人的"快乐童年"养育理念。在这个过程中，作者发现在看似"放任"的教育方式、重视独立人格养成的背后，挪威教育理念其实具备着宽阔眼光和心胸。本书以挪威教育为镜，介绍了挪威教育的方方面面，有助于国内的家长重新理解为人父母的职责，以及教育的意义，帮助他们和孩子建立更好的亲子关系，让孩子成为一个身心健康的自信、独立、幸福的人。

延伸阅读
国际教育

## 《生存力强大，孩子才强大：不一样的日本教养》

◎ 生存力 = 竞争力

◎ 父母最重要的任务，是学会放手，培养孩子坚韧、勇敢、乐观的品格，让他成为能自食其力的人。

---

上小学书不用念都没关系，晚上 8 点就睡比较好？下雪的冬天，上学还穿短裤？接近零下的严冬，小婴儿不用穿袜子？宝宝发烧不用吃药，还可以泡澡？一连串的育儿观念冲击，让这位中国台湾妈妈认真思考：到底哪一种育儿方式会比较好？

本书作者旅日十余年，在养育两个孩子的过程中，对中日不同文化下的家庭教育和学校教育差异进行了深入的思考。作者在书中以"培养生存能力"为主线，用一个个育儿故事从多个方面呈现了日本的教育精髓之一——重视培养孩子强大的生存能力。

生存力 = 竞争力，父母最重要的任务，是学会放手，培养孩子坚韧、勇敢、乐观的品格，让他成为能自食其力的人。